社会保险案例集

主　编　安四清
副主编　李　晓　陈绪柱

合肥工业大学出版社

图书在版编目(CIP)数据

社会保险案例集/安四清主编. —合肥:合肥工业大学出版社,2021.4
ISBN 978-7-5650-5337-5

Ⅰ.①社… Ⅱ.①安… Ⅲ.①社会保险法—案例—中国 Ⅳ.①D922.555

中国版本图书馆CIP数据核字(2021)第060362号

社会保险案例集

安四清 主编　　　　责任编辑 权 怡

出 版	合肥工业大学出版社	版 次	2021年4月第1版
地 址	合肥市屯溪路193号	印 次	2021年4月第1次印刷
邮 编	230009	开 本	787毫米×1092毫米 1/16
电 话	编校与质量管理部:0551-62903210	印 张	9.5
	市 场 营 销 部:0551-62903198	字 数	225千字
网 址	www.hfutpress.com.cn	印 刷	合肥现代印务有限公司
E-mail	hfutpress@163.com	发 行	全国新华书店

ISBN 978-7-5650-5337-5　　　　定价: 58.00元

如果有影响阅读的印装质量问题,请与出版社市场营销部联系调换

编 委 会

前　言

《中华人民共和国社会保险法》（以下简称《社会保险法》）的颁布实施，对于建立覆盖城乡居民的社会保障体系，更好地维护公民参加社会保险和享受社会保险待遇的合法权益，使公民共享发展成果，促进社会主义和谐社会建设，具有十分重要的意义。通过《社会保险法》完善社会保障体系，不仅是社会主义市场经济体制的重要支柱，也是社会安定的重要保证。

国家通过立法强制性地建立社会保险基金，以对我国劳动者在失业或因意外或其他因素丧失劳动能力的情况下给予必要保障。社会保险的主要保障项目包括基本养老保险、基本医疗保险、工伤保险、失业保险、生育保险等，它由国家法律强行规定实施，具有强制性、互助性及非营利性的特征。

《社会保险法》在执行过程中会遇到很多实际问题，如无法完全覆盖实际情况，不同人对法律条款的解读存在偏差等；同时，人员结构的复杂问题、人员流动的频繁问题以及历史遗留问题，也给社会保险管理工作带来了挑战。国网安徽省电力有限公司是国有企业，对待社保工作一直秉持合法合规的态度，但因企业规模大、员工数量众多、用工方式多元化、劳动关系复杂等因素，使得企业保障员工社保权益和树立国企良好社会形象的管理工作愈加艰难。从参保人员角度来看，仍然有部分人员对《社会保险法》不甚了解，甚至存在理解误区；从经办人员角度来看，《社会保险法》和相关政策文件虽然是处理问题的准绳、依据，但有时仍难以解决实际个案，而一些实际案例却能提供宝贵的经验与教训，对具体个案处理很有参考价值。因此，国网安徽省电力有限公司联合合肥工业大学管理学院编写了具有针对性、适应性、可参考性、教学性的《社会保险案例集》，为国网安徽省电力有限公司及其下属各单位社会保险管理工作者提供了具有实践操作性的案例学习手册和理论支持，从而为深刻理解社会保险管理提供了新途径、新方法。同时，这些案例也是社会保险经办与管理部门、工作人员、参保人员、参保单位等学习贯彻《社会保险法》精神的生动教材。

本书收集整理了近几年全国社保管理中发生的突出案例及经典判例28个，分为七个章节，第一章对应《社会保险法》的总则部分（3个案例），关注虚假身份信息、农电工体制改革、单位欠缴社保费用等情况下对于社保待遇的影响；第二章对应《社会保险法》的基本养老保险部分（5个案例），关注“折现”“视同缴费年限”“退休身份”“跨统筹就业”等热点和难点问题；第三章对应《社会保险法》的基本医疗保险与生育保险部分（5个案例），关注酒驾求保、补充医疗、职场女性生育等议题；第四章对应《社会保险法》的工伤保险部分（5个案例），关注低标准缴纳社保、工伤诈骗、临时工失责等问题；第五章对应《社会保险法》的失业保险部分（2个案例），关注“被离职”或失业情况下保险金的领取问题；第六章对应《社会保险法》的社会保险征缴、经办、监督部分（5个案例），从用工方式、用工成本等方面对社会保险征缴有所解释，告诉读者当停薪留职或社保权益受到侵害时如何维护自身权益；第七章对应《社会保险法》的社会保险基金、法律责任部分（3个案例），关注试用期及员工辞退情况下的社保登记处理及企业年金的缴取问题。

本书采用结构化-实用化-情景化（Structured-Pragmatic-Situational，SPS）的案例开发方法及理论化-情景化-结构化（Theoretical-Situational-Structured，TSS）的案例开发模型。通过设计研究问题、情景匹配与分析思路布局案例大纲，继而在正文中用理论说故事，在案例分析中用故事说理论，先“埋理论”后“明理论”，由此对《社会保险法》条文中不易理解的关键点进行情景式代入并给出应用指导，针对具体案例，从法律条文、案例背景、案例场景、分析讨论、管理启示等五个方面展开阐述。

本书由国网安徽省电力有限公司安四清担任主编，国网安徽省电力有限公司李晓和陈绪柱担任副主编。安四清负责书稿的内容策划，李晓、陈绪柱负责书稿的统纂，参加编写的人员还有周田、葛承东、温劲松、周海兵、杨伟春、汤前进、叶凯、黄永聪、王景兵、刘希、黄锦、彭琪、杜林、陈健等。

在本书的编写过程中，编者参考了一些最高人民法院、最高人民检察院以及各级人民法院审结公布的典型案例、裁判文书等，收集了相关企业的社会保险业务运作情况，在此对所涉及的专家、学者和组织部门表示衷心的感谢。

由于编者水平有限，时间仓促，书中难免有疏漏或不足之处，恳请广大读者不吝赐教，以便我们在本书修订时进行完善。

编　者

2020年6月8日

目　　录

第一章　总则案例

社会保险（以下简称社保）是为丧失劳动能力、暂时失去劳动岗位或因健康原因造成损失的人口提供收入或补偿的一种社会和经济制度，主要项目包括养老保险、医疗保险、失业保险、工伤保险、生育保险。其目的在于通过再分配保证物质及劳动力的再生产和社会的稳定。社会保险与个人、企业都有着密切的联系，如何履行法定的社保义务，并在符合法定条件的情况下享受相应的社保待遇，是各有关方面关注的焦点。本章从社保缴纳和社保待遇享受的角度入手，结合法律条文对各案例的纠纷进行深入剖析，通过阅读本章案例可以了解以下几点：

（1）职工参保信息作假对于享受社保待遇的影响；

（2）农电工体制改革背景下社保缴纳可能出现的问题；

（3）单位欠费情况下，职工社保待遇的变动。

案例1－1　虚假身份下的社保待遇认定

案例简介：参保职工有享受社保待遇的权力，社保机构有核定社保待遇的职责。当参保职工参保身份信息与本人有差异，或者职工利用虚假身份信息参保时，还能够享受社保待遇吗？本案例的主人公刘某因车祸去世，其家人在社保局进行工伤认定后申请了工伤待遇，但社保局以投保人与本人身份信息不一致为由，拒绝支付工伤待遇，家人因此向法院提起上诉，请求社保局履行其法定职责。

关键词：社保待遇；虚假信息；身份认定

法律条文

《中华人民共和国社会保险法》

第二条　国家建立基本养老保险、基本医疗保险、工伤保险、失业保险、生育保险等社会保险制度，保障公民在年老、疾病、工伤、失业、生育等情况下依法从国家和社会获得物质帮助的权利。

第七条　国务院社会保险行政部门负责全国的社会保险管理工作，国务院其他有关部门在各自的职责范围内负责有关的社会保险工作。

县级以上地方人民政府社会保险行政部门负责本行政区域的社会保险管理工作，县级以上地方人民政府其他有关部门在各自的职责范围内负责有关的社会保险工作。

第八条　社会保险经办机构提供社会保险服务，负责社会保险登记、个人权益记录、社会保险待遇支付等工作。

案例背景

1957 年出生的刘某快到退休年纪了，与妻子安某养育了两个儿子，一个已经成家，另一个也好事将近。刘某深知身体是革命的本钱，这些年来一直小心维护着自己的身体保持健康，同时努力地工作，希望带给家人更好的生活。作为一名普通工人，刘某与××劳务派遣有限公司签订了劳动合同，一直由该公司分配工作。鉴于刘某的优秀表现，2013 年刘某被派遣到当地国网某电力公司工作。

案例场景

1. 引言

2015 年 10 月 19 日，刘某骑着他的电动车上班。公司就在前方道路左侧，刘某想着，再过两个路口就到公司了，得赶紧在下个路口转到左边去，省得从右侧绕一大段路。“今天到公司事情多吗？不知道能不能早点休息？等到小儿子结了婚，安定下来，我就差不多可以退休啦！”行驶到左边后，刘某一边骑着电动车，一边陷入了思绪，完全没有注意到对面一辆货车正向自己冲了过来，车祸就此发生。

2. 祸事横生

妻子安某万万没有想到这样的灾难会降临到自己家中。早上丈夫还笑嘻嘻地对自己说要好好工作、多挣点钱，好养老，怎么突然就接到电话说他发生车祸，快不行了。手一直哆嗦着连手机都拿不住的安某，跌跌撞撞地出了家门，拦了一辆出租车坐上去，眼泪不由自主地就往下流。自家老头子一把年纪了还坚持出去工作，自己也觉得夫妻俩趁还能干的时候要多挣点钱，不说能不能帮到孩子们，但至少不会拖累孩子们。没想到一不留神，老头子就出了事。“没事的，没事的，”安某边哭边在心里安慰自己，“现在医疗技术那么发达，老头子一定没事的！”然而，到了医院抢救室外，安某却被告知丈夫抢救无效已经不在了。听到医生的话安某木木地跌坐到地上，没有了一点力气，家中的顶梁柱塌了！一家人强忍着悲痛为刘某办好后事，对车祸发生的疑惑却一直无法释然。老头子是在上班路上出事的，不能这样不清不楚地没了。

3. 维权遇阻

事故发生后，市公安局交通警察支队作出交通事故认定书，认为刘某要承担此事故同等责任。但刘某是在上班途中受到非本人主要责任引起的交通事故，因此当年 12 月，安某立即向县人力资源和社会保障局申请工伤认定，并提供了工伤认定申请表等相关材料。县人力资源和社会保障局于 2016 年 3 月 5 日作出了认定工伤决定书，认定刘某受到的事故伤害为工伤。但安某在 2016 年 4 月 9 日申请工伤保险待遇时，但却被告知，××劳务派遣有限公司未在县人力资源和社会保障局为刘某缴纳工伤保险，刘某的相关工伤保险待遇应该向用人单位即该劳务派遣有限公司申请。为此，安某不服，向法院提起行政诉讼，要求撤销县人力资源和社会保障局的答复，责令其履行法定职责。

4. 身份起疑

××劳务派遣有限公司真的没有为刘某投保吗？2017 年 3 月 22 日，经法院核查，该公司并未漏保。但为什么县人力资源和社会保障局坚称其未给刘某缴纳工伤保险呢？原因还是出在刘某身上。1957 年出生的刘某，在参保时所报的出生年份却是 1969 年，出生年份的改变导致身份证号码出现相应的差异。这两张不同的身份证对应的身份是否为同一人？安某与县人力资源和社会保障局就此发生了争执。

县人力资源和社会保障局认定工伤者系 1957 年出生的刘某，而投保者为 1969 年出生的刘某，两者的居民身份证号码不相同，而区分是否是同一人的唯一标准是身份证号码是否一致，因此认为这两者非同一人。而××劳务派遣有限公司陈述意见称，投保工伤保险的刘某与发生事故的刘某，除了出生年份不一样外，其姓名、照片、出生月日、住址、发证机关、有效期限，以及身份证其余编号均一致，其公司投保工伤保险的刘某与事故中的刘某系同一人。实际上，这些情况安某心知肚明，按丈夫的年纪本来还有两年就要退休了。但为了多工作几年，丈夫在公司谎报了年龄，还用了假的身份信息在公司投保，本以为没有大碍，没想到出了事情没法申请保险待遇。如今，安某只能寄希望于法院的审理判定了。

5. 法也容情

让安某感到欣慰的是，法院最终确认××劳务派遣有限公司为刘某投保了工伤保险。法院认为，虽然刘某以虚假身份信息投保，有一定瑕疵，但通过近亲属与该劳务派遣有限公司给出的证明，可认定事故中的刘某与参保的刘某是同一人，因此视为事故中的刘某参加了工伤保险。刘某在交通事故中死亡，已认定为工伤，即可享受工伤保险待遇，县人力资源和社会保障局应当履行法定职责，对相应的工伤保险待遇进行核定。

6. 尾声

距离丈夫出事已经过去了两年多时间，安某带着悲痛和执着终于打赢了这场官司，得到了丈夫应有的权益，也在法院的教育下明白了诚实的重要性。若丈夫没有谎报年龄，维权路上就不会出现这些波折。

分析讨论

1. 分析思路

首先，从正常参保职工应得的权利开始分析，理解作为社保参保者依法应享有的权利；其次，通过分析安某应该向谁索取权益，对国家规定负责社会保险工作的机构有所认识；继而，了解该机构的职责，明确社会保险工作机构对于参保职工的义务；最后，结合案例中刘某谎报年龄信息的背景，明确参保者谎报身份信息对于享受社保权益的影响。详细案例分析思路与步骤如图 1－1 所示。

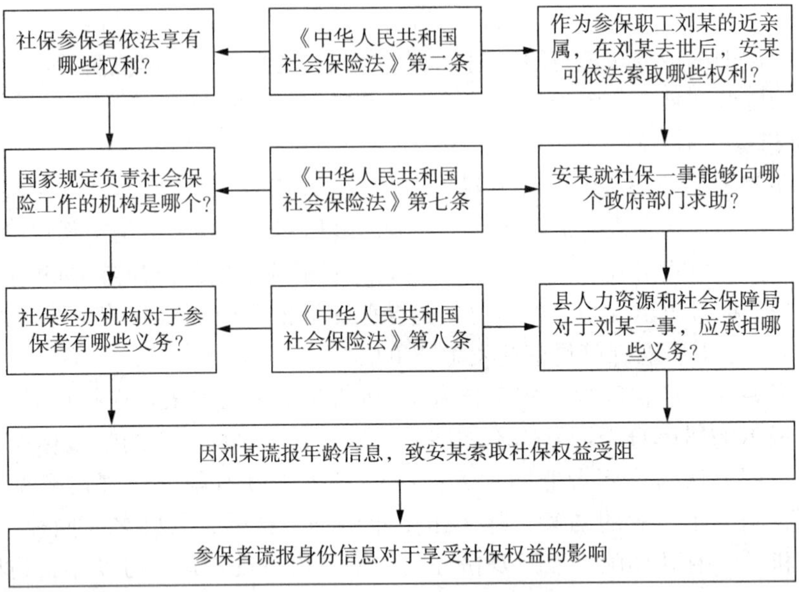

图1－1　案例分析思路与步骤

2. 问题分析

（1）作为参保职工刘某的近亲属，在刘某去世后，安某可依法索取哪些权利？

【分析依据】

《中华人民共和国社会保险法》第二条。

【案例分析】

由用人单位缴纳社会保险费的参保职工刘某，在上班途中遭遇交通事故去世，经县人力资源和社会保障局认定，刘某受到的事故伤害为工伤。依据《中华人民共和国社会保险法》第二条，作为参保职工刘某的近亲属，安某有权在刘某工伤去世后申请工伤待遇，从国家和社会获得相应的物质帮助。

（2）安某就社保一事能够向哪个政府部门求助？

【分析依据】

《中华人民共和国社会保险法》第七条。

【案例分析】

作为一名被派遣到当地国网某电力公司工作的职工，刘某与××劳务派遣有限公司签订有劳动合同，该公司为其参保缴费，而相关社会保险管理工作由当地社会保险行政部门负责。依据《中华人民共和国社会保险法》第七条，安某在寻求社会保险权益时，应当向当地人力资源和社会保障厅（局）求助。

（3）县人力资源和社会保障局对于参保者刘某一事，应承担哪些义务？

【分析依据】

《中华人民共和国社会保险法》第八条。

【案例分析】

该县人力资源和社会保障局作为社会保险经办机构，是为满足社会成员的社会保险管理服务需求而设立的。依据《中华人民共和国社会保险法》第八条，该局负有对刘某一事进行工伤认定以及核定并支付工伤待遇的责任。法院裁定后，县人力资源和社会保障局履行了其法定职责，按时足额支付相应的社会保险待遇。

管理启示

从个人角度来讲，要加强社保知识的学习。为了保障自身在意外丧失劳动能力、暂时失去劳动岗位或因健康原因造成损失的情况下能获取收入或补偿，在参保过程中应如实提交个人信息，任何人都不应以任何借口谎报身份等相关信息。必须认识到，诚实参保才是确保自身享受社保待遇的前提，否则就会影响自身权益的实现。

从企业角度来讲，要增加对员工社保知识的培训。针对社保工作接触人员多、涉及问题广等具体特点，通过理论学习、脱产培训等形式，不断提升干部职工的自身素质和业务工作能力。

从社会保险经办机构角度来讲，要提升对于参保个人信息的监管及核实能力。在企业申报职工的社保缴费过程中，要增加监管力度，审核确认参保人员的身份信息，做好把关工作，杜绝浑水摸鱼等现象发生。

案例1－2　农电工社会保险费缴纳的曲折之路

案例简介：用人单位有为职工缴纳社会保险的义务。当职工发现用人单位没有为自己按时足额缴纳社会保险费用后，职工有权要求单位补缴缺保部分。但是农电工的社保问题也这样简单吗？主人公徐某在退休后第一个月收到退休金时，隐隐感到数目不对，随后证实的确是公司少缴了部分年度养老保险。但由于农电工的社保缴纳涉及农电工体制改革以及地方养老保险政策变革等问题，因此处理起来更复杂。

关键词：农电工；社保缴纳；体制问题

法律条文

《中华人民共和国社会保险法》

第四条　中华人民共和国境内的用人单位和个人依法缴纳社会保险费，有权查询缴费记录、个人权益记录，要求社会保险经办机构提供社会保险咨询等相关服务。

个人依法享受社会保险待遇，有权监督本单位为其缴费情况。

第十条　职工应当参加基本养老保险，由用人单位和职工共同缴纳基本养老保险费。

无雇工的个体工商户、未在用人单位参加基本养老保险的非全日制从业人员以及其他灵活就业人员可以参加基本养老保险，由个人缴纳基本养老保险费。

公务员和参照公务员法管理的工作人员养老保险的办法由国务院规定。

第十二条　用人单位应当按照国家规定的本单位职工工资总额的比例缴纳基本养老保险费，记入基本养老保险统筹基金。

职工应当按照国家规定的本人工资的比例缴纳基本养老保险费，记入个人账户。

无雇工的个体工商户、未在用人单位参加基本养老保险的非全日制从业人员以及其他灵活就业人员参加基本养老保险的，应当按照国家规定缴纳基本养老保险费，分别记入基本养老保险统筹基金和个人账户。

第六十条　用人单位应当自行申报、按时足额缴纳社会保险费，非因不可抗力等法定事由不得缓缴、减免。职工应当缴纳的社会保险费由用人单位代扣代缴，用人单位应当按月将缴纳社会保险费的明细情况告知本人。

无雇工的个体工商户、未在用人单位参加社会保险的非全日制从业人员以及其他灵活就业人员，可以直接向社会保险费征收机构缴纳社会保险费。

案例背景

20 世纪 60 年代末，徐某还是个年轻小伙，家中父母希望他有一门手艺傍身，于是便让他跟一位电工师傅学习。1976 年，徐某被××县供电局招用为农电工，从此一直在该县供电系统工作，其间从未间断。这么长的时间里，原来的县供电局已经成为国网××省电力公司××县供电公司。到 2003 年 6 月，××县阳光电力维修工程有限责任公司成立了，徐某又被分配到该单位工作，直到 2014 年退休。

案例场景

1. 引言

2014 年 5 月的一天，徐某从××县阳光电力维修工程有限责任公司出来，回头望了一眼工作了半辈子的县供电系统，不由得感慨万千。在这个小县城劳碌了三十多年，哪里用电出了问题就往哪儿奔，勤勤恳恳地工作了半辈子，现在要离开了，心里还有些牵挂和舍不得。但徐某心里也清楚，岁月不饶人，到了这个年纪，没了年轻时硬朗的身体，也不能再硬撑下去了。所幸自己来到了个好公司，国家发展得好，政策也好，缴了二十几年的保险，马上就可以拿到一笔退休金了，也算让自己的养老有了保障。想到这里，徐某转过身子，面带笑容的回家了。

2. 疑窦渐起

在家待了将近一个月，徐某逐渐适应了退休后的悠闲生活。有一天，徐某一早起来做好早饭，便打开电视看早间新闻。这天电视上正播放着关于养老保险的消息，说到国家未来将要进一步推动公共服务便民化，让大家看得懂、算得清养老保险政策待遇，甚至未来会提供简单明了的养老保险测算服务等。徐某越看越高兴，国家发展得好，大家的生活也是越过越舒服；福利待遇能透明化，就不怕被欺负、算糊涂账了。刚想着，手机突然收到信息，提示自己收到一笔转账，原来是自己第一个月的退休金发下来了。借着这股劲儿，徐某兴奋地翻出这些年的工资本，拿起计算器想要算一算自己的退休金。折腾了一早上，最终计算器上估算的数字却与短信上的入账相差甚远。自己估算的虽然不一定完全正确，但是算起来退休金也不可能少了那么多啊！这到底是哪里出了问题？徐某陷入了沉思。

3. 暗藏玄机

徐某回想，自己的工作一直没什么变动。从××县供电局开始，1989 年 6 月就从自己的工资里代扣了养老金；1995 年又签了劳动合同书，在劳动合同书中的保险、福利栏第五项，明确约定了退休养老保险金由供电局和个人共同缴纳；2003 年 6 月 8 日，××县阳光电力维修工程有限责任公司成立后，自己被分配到该单位工作直至退休，按理说保险也一直在交。这么一算，自己的养老保险缴纳了 25 年才对。

带着疑问的徐某多方找人询问，愈加确信自己的养老金数目不对。最终在县社保局的帮助下了解到，公司只为自己补缴了退休前 15 年的社会保险费，而以前的工作期间根本没有缴纳过社会保险。不管是 1989 年还是 1995 年，虽然养老金都被公司扣除了，但压根没有上缴社保经办机构。也就是××县阳光电力维修工程有限责任公司为自己缴纳了 1999 年 1 月至 2014 年 4 月的养老保险费，够 15 年就不管其他事了。徐某想着早些年政策一直不停变动，没有缴纳是可以理解的，但 1996 年 1 月 1 日××省养老保险个人账户统一建立后，公司还没有为自己缴纳养老保险则实在说不过去。为此，徐某多次前往××县供电公司主张权利，但公司却以各种理由不予解决。为了维护自己的合法权益，徐某具状起诉，请求判令××县供电公司为自己补缴 1996 年后缺失的养老保险费等。

4. 事出有因

××县供电公司是不愿承认原××县供电局的漏保行为吗？实际上该公司认为双方从未形成过劳动关系。徐某系××县乡（镇）电管站的农电工，而乡（镇）电管站与县供电局是各自独立的用人单位。原乡（镇）电管站是农民自筹资金、为自己办事的非盈利性群众管电组织，经济上实行自收自支和独立核算；行政上属所在乡（镇）政府领导，行使乡（镇）政府管电职能；业务上由电力部门实行行业归口管理；组织性质为县属集体所有制事业单位。尽管县供电局为农电工颁发聘用文件、电工证件、评选评优、核定农电工工资标准等，但这些并不能说明农电工与供电局已经建立了劳动关系，县供电局的上述行为只是行业归口管理的职能表现。公司前身是××县供电局，隶属于××省电力工业局直供直管，是政企合一的国有供电企业，与乡电管站是不同性质的经济组织类型，其人员的管理及工资来源渠道也有着根本区别。徐某作为乡镇电管站农电工，其工资来源渠道是从低维费中切块支付，各电管站的账与县供电局的账既不相混也不掺和。因此，从经费来源收支渠道看，也足以说明原告与被告是不同性质的经济组织，是各自独立的企业单位。

同时，××县供电公司认为，徐某要求××县供电公司补交所谓养老保险费用无事实和法律政策依据。双方既然没有劳动关系，××县供电公司也就无义务、无政策为其缴交社会保险。国家启动农电体制改革及关于农电工有相关文件和政策规定，农电体制改革不是平等民事主体之间的民事法律行为，而是国家政策的指令行为，本质上体现的是国家意志而不是供电企业的自助行为，也不是企业自身进行的企业收购或企业兼并，因此，此次农电体制改革中关于农电工的相关政策规定，不应当适用《中华人民共和国劳动法》来调整，徐某的诉讼请求是国家政策调整的事项，不属于劳动争议，不属于人民法院的受案范围。

5. 因地制宜

2017 年 12 月 28 日，法院认为，虽然徐某没有直接在××县供电局工作，但双方对徐某在××县供电局高楼供电所工作的事实是认可的，而××县供电局高楼供电所属于××县供电局的下属单位（或分支机构），应当视为徐某在××县供电局工作，为××县供电局提供劳动。从××县供电局为徐某发放的有关证件看，××县供电局直接对徐某进行管理、培训，双方具有管理和被管理的隶属关系，符合劳动关系的特征。由此认定，自 1978 年 7 月至 2003 年 6 月，徐某与××县供电局存在事实劳动关系。既然存在劳动关系，××县供电公司就有义务为徐某缴纳社会保险费。鉴于××省养老保险个人账户统一建立于 1996 年 1 月 1 日，且 1999 年 1 月之后徐某的养老保险费已经缴纳，故××县供电公司只应为徐某补缴 1996 年 1 月至 1998 年 12 月期间应当由用人单位缴纳的养老保险费。

6. 尾声

从 2014 年退休发现问题到 2017 年底案件判决，徐某为补回缺失的养老保险费耗费了太多心力，虽还有些不满，但是在整个案件过程中也感觉到体制改革、政策变化的复杂性，所以，徐某仍旧认可法院对于案件的处理，也希望国家政策能愈加完善，职工的利益能够得到更可靠的保障。

分析讨论

1. 分析思路

首先，本案例从国家层面入手，分析养老保险费用的构成；其次，了解徐某在依法缴纳社保费用后拥有的权益，明确参保职工拥有哪些社保相关权益；最后，结合××县供电局的社保申报、缴费及告知义务，分析用人单位对于职工的社会保险缴费职责。详细案例分析思路与步骤如图 1－2 所示。

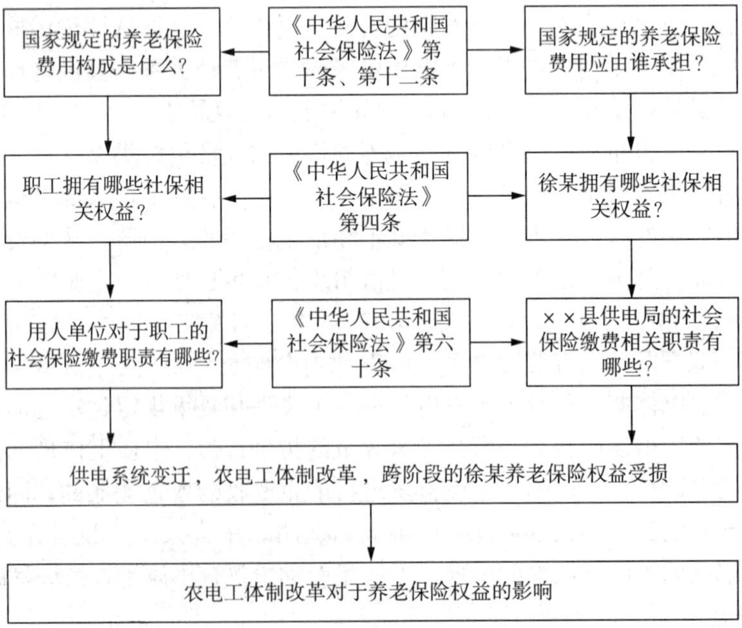

图 1－2　案例分析思路与步骤

2. 问题分析

（1）国家规定的职工基本养老保险费用应由谁承担？

【分析依据】

《中华人民共和国社会保险法》第十条、第十二条。

【案例分析】

徐某从 1976 年开始在××县供电系统工作，1989 年单位开始代扣养老费，而我国是在 1991 年建立了由用人单位和职工共同缴纳养老费制度。1997 年《国务院关于建立统一的企业职工基本养老保险制度的决定》（国发〔1997〕26 号）进一步确定了社会统筹与个人账户相结合的基本模式，统一了企业职工基本养老保险制度。从以上制度层面可知，国家规定的职工基本养老保险费用应当由个人和用人单位共同承担，××县供电系统既然代扣了徐某的工资，就有义务共同担负徐某的养老保险费用。

（2）徐某拥有哪些社保相关权益？

【分析依据】

《中华人民共和国社会保险法》第四条。

【案例分析】

徐某在××县供电局工作，由单位为其登记、申报及代缴社保费用，达到法定退休年龄时累计社保缴费已满 15 年。徐某在退休的第一个月就发现养老金数目不对，留有向当地社会保险费征收机构或社会保险经办机构查询、核对其缴费和享受社会保险待遇记录，具有要求社会保险经办机构提供社会保险咨询等相关服务的权利。

（3）××县供电局的社会保险缴费相关职责有哪些？

【分析依据】

《中华人民共和国社会保险法》第六十条。

【案例分析】

××县供电局作为用人单位，应当根据单位内部职工人数和缴费工资基数增减变化等情况，在每月规定日期前，向社会保险费征收机构报送社会保险费申报表、代扣代缴明细表以及其他有关资料。除了对于徐某的社保申报义务，××县供电局还应当按申报的数额按时足额缴纳社会保险费，也就是履行缴费职责，并且××县供电局还应按月将缴纳社会保险费的明细情况告知徐某本人。

管理启示

从个人角度来讲，要积极维护作为参保职工的社保权益。参保职工维护社保权益的途径有：通过社保费征收机构投诉、经劳动监察部门举报、向仲裁机构申请仲裁以及到法院进行诉讼等。参保者一旦遇到企业欠缴社保或其他社保权益受损情况，要学会通过合法途径维护自身权益，追回自身损失。从企业角度来讲，要积极落实党和政府的最新政策。农电工是农村用电的直接管理者，是党和政府有关农电方针、政策的基层落实者，是县供电企业在农民群众心目中的具体形象代表，在农村用电事业中具有不可或缺、不可忽视、不可替代的作用。随着时间的变化，国家政策不断完善，但由于农电工的社保问题涉及范围较广以及各种因素的变动，使得过去的一些历史遗留问题较为复杂。在此背景下，企业应当紧跟时代脚步，以身作则，积极落实国家最新政策，履行为职工足额缴纳社保费的相关义务。

案例1－3　单位欠费导致的社保待遇缺失

案例简介：参保职工有享受社保待遇的权力，社保机构有支付社保待遇的职责。但是当用人单位未缴职工的社会保险费，而职工又恰在断缴期限内急需享受社保待遇时，社保机构应该支付这份待遇吗？文某在一次工伤后，向县社保管理局申请支付工伤待遇时才知道，公司在几个月前断缴了自己的社会保险。县社保管理局以此为由，拒绝支付文某的社保待遇。文某能通过诉讼要回自己的工伤待遇吗？

关键词：单位欠费；社保断缴；待遇缺失

法律条文

《中华人民共和国社会保险法》

第七条　国务院社会保险行政部门负责全国的社会保险管理工作，国务院其他有关部门在各自的职责范围内负责有关的社会保险工作。

县级以上地方人民政府社会保险行政部门负责本行政区域的社会保险管理工作，县级以上地方人民政府其他有关部门在各自的职责范围内负责有关的社会保险工作。

第八条　社会保险经办机构提供社会保险服务，负责社会保险登记、个人权益记录、社会保险待遇支付等工作。

第三十三条　职工应当参加工伤保险，由用人单位缴纳工伤保险费，职工不缴纳工伤保险费。

第三十六条　职工因工作原因受到事故伤害或者患职业病，且经工伤认定的，享受工伤保险待遇；其中，经劳动能力鉴定丧失劳动能力的，享受伤残待遇。

工伤认定和劳动能力鉴定应当简捷、方便。

第四十一条　职工所在用人单位未依法缴纳工伤保险费，发生工伤事故的，由用人单位支付工伤保险待遇。

第六十三条　用人单位未按时足额缴纳社会保险费的，由社会保险费征收机构责令其限期缴纳或者补足。

用人单位逾期仍未缴纳或者补足社会保险费的，社会保险费征收机构可以向银行和其他金融机构查询其存款账户；并可以申请县级以上有关行政部门作出划拨社会保险费的决定，书面通知其开户银行或者其他金融机构划拨社会保险费。用人单位账户余额少于应当缴纳的社会保险费的，社会保险费征收机构可以要求该用人单位提供担保，签订延期缴费协议。

用人单位未足额缴纳社会保险费且未提供担保的，社会保险费征收机构可以申请人民法院扣押、查封、拍卖其价值相当于应当缴纳社会保险费的财产，以拍卖所得抵缴社会保险费。

第八十六条　用人单位未按时足额缴纳社会保险费的，由社会保险费征收机构责令限期缴纳或者补足，并自欠缴之日起，按日加收万分之五的滞纳金；逾期仍不缴纳的，由有关行政部门处欠缴数额一倍以上三倍以下的罚款。

案例背景

文某是××县供电公司下属某电站的农电工。2015 年 4 月 23 日，××县人民政府同意××县供电公司实行厂网分开，供电资产上划至国网省电力公司，发电资产面向国家五大发电集团出售，人员分流安置。2015 年 5 月，国电某水电开发有限公司吸收了××县供电公司发电资产，并设立“国电某水电开发有限公司××县管理处”。原供电公司人员分流以 2015 年 4 月 30 日为时间节点，所有人员（含退休人员）的岗位（身份）确认均以人员分流时间节点为准。根据上述有关人员分流安置的有关规定，文某被安置到国电某水电公司。

案例场景

1. 引言

2014 年 8 月 31 日的上午，文某照常来到了电站工作车间工作。“电站的工作真的挺无聊的，每天都重复做着一样的工作，感觉继续做下去一点积极性都没有了。听说过段时间电站体制可能要变动，不知道何去何从。这工作危险系数又高，到时候得看看形势，如果还不涨工资，自己就得另找出路了。”文某心中暗想着，一边像以前一样熟练地操作着设备，一把拉下开关，没想到眼前突然出现了一道电弧，猛地扑面而来。

2. 工伤求保

受伤的文某当即被送往××县中心卫生院治疗，被诊断为：胸、腹、双手掌烧伤（深Ⅱ°约 15%）；面、颈、胸、腹、上臂近端烧伤（浅Ⅱ°约 15%）；胃及十二指肠应激溃疡；肾功能衰竭。2014 年 9 月 6 日，因病情严重，转至其他医院住院治疗。2014 年 9 月 22 日，市人力资源和社会保障局认定文某所受伤害为工伤。2015 年 1 月 6 日，文某在某市第三人民医院住院治疗 31 天。后续又多次入院进行恢复治疗。2015 年 6 月 13 日，文某向县社会保险事业管理局申请工伤保险待遇。同月 19 日，县社会保险事业管理局对文某作出并邮寄送达不予支付通知书。2015 年 6 月 21 日，文某收到不予支付通知书。为此，文某起诉到法院，请求撤销《不予支付通知书》，并希望县社会保险事业管理局依法核定其工伤保险待遇等。

3. 欠费拒保

作为具有征收工伤保险费、核定和支付工伤保险待遇法定职责的社会保险经办机构，县社会保险事业管理局为什么不核定文某的工伤保险待遇并进行支付呢？在《不予支付通知书》中，县社会保险事业管理局表明：用人单位××县供电力公司自 2014 年 5 月后一直欠缴文某的工伤保险费，因此依照社会保险法第四十一条的规定，对文某支付工伤保险待遇的申请不予支持。然而，社会保险经办机构能够以用人单位欠缴职工工伤保险费为由，拒绝支付工伤保险待遇吗？两边各执一词。县社会保险事业管理局称，用人单位欠缴文某工伤保险费，经多次催缴未果。根据《工伤保险条例》第六十二条的规定，工伤保险待遇应当由用人单位而非社保机构支付。而文某认为，用人单位未足额缴纳工伤保险费的责任不在自身，不应剥夺自己的权益。根据《工伤保险条例》第十七条第一款："职工发生事故伤害或者按照职业病防治法规定被诊断、鉴定为职业病，所在单位应当自事故伤害发生之日或者诊断、鉴定为职业病之日起30日内，向统筹地区社会保险行政部门提出工伤认定申请。"文某在××县供电公司下属的某电站工作中被电弧灼伤，也在规定时限内提交了工伤认定申请，因此工伤保险待遇等有关费用应由县社会保险事业管理局核定支付。

4. 依法得保

法院认为，文某所在用人单位未为其参加工伤保险并足额交纳工伤保险费，县社会保险事业管理局以此为由拒绝向文某支付相应的工伤保险待遇符合法律规定。××县供电公司从2010年5月至2014年4月期间为文某缴纳工伤保险费，但自2014年5月起至2015年4月中断缴费，虽然县社会保险事业管理局没能提供履行催缴和处理职责的相关证据材料，但是用人单位错误在先，文某在该期间的工伤待遇应当由用人单位负责。

5. 尾声

辗转三年才得到法院判决的文某，终于在多方努力下，拿回享受工伤待遇的权利，回过头来对自己以前不关心社保缴纳的行为懊悔万分。如果自己能时刻关注公司的缴费状况，想必不会多出这些曲折，这次事故值得大家引以为鉴。

分析讨论

1. 分析思路

首先，从政府部门入手，通过文某发生工伤事故后的求助经历说明遇到这种情况应当向什么部门求助；其次，剖析××县供电公司对于文某应尽的义务，从单位角度分析权利义务；再次，结合××县电力公司欠缴职工文某社保费用的情况，分析职工在单位社保欠费时是否应由单位支付社保待遇；最后，根据县社会保险事业管理局对于用人单位欠费的不作为，反思社保征收机构在单位社保欠费时应尽的法定职责。详细案例分析思路与步骤如图1－3所示。

2. 问题分析

（1）文某发生工伤事故后，应寻求哪个政府部门的帮助？该部门对于文某有哪些义务？

【分析依据】

《中华人民共和国社会保险法》第七条、第八条。

【案例分析】

参保职工遇到工伤事故时，根据《中华人民共和国社会保险法》第七条，文某能够向当地县社会保险事业管理局寻求帮助。该机构是为满足社会成员的社会保险管理服务需求而设立的，应当向文某提供支持。除此之外，根据《中华人民共和国社会保险法》第八条，县社会保险事业管理局作为社会保险经办机构，具有征收工伤保险费、核定和支付工伤保险待遇的法定职责。

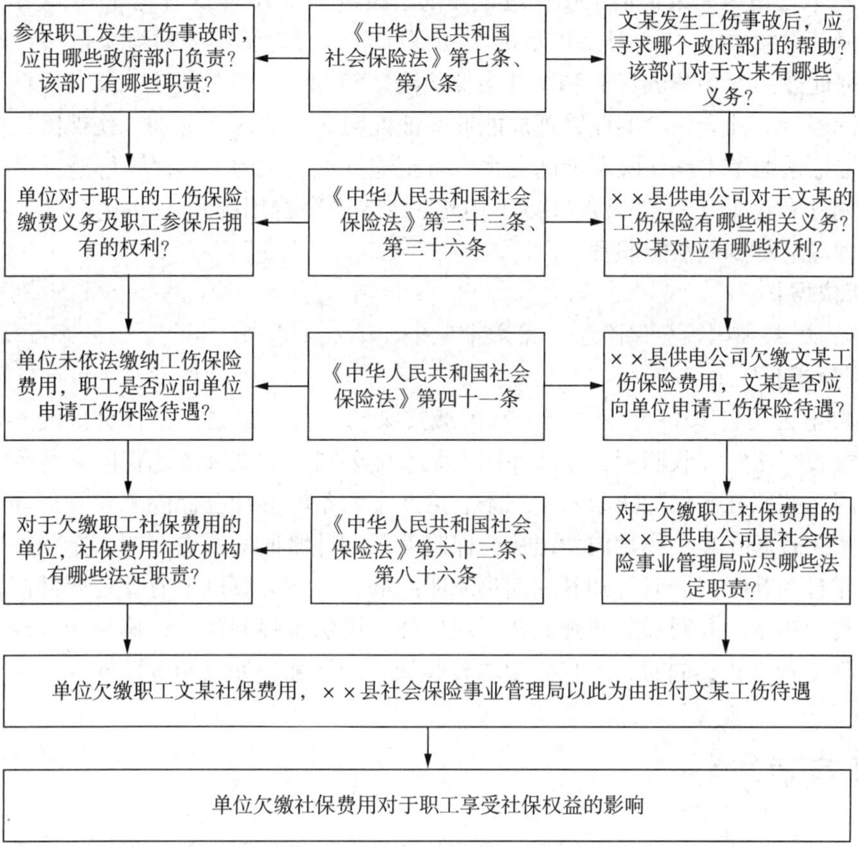

图 1－3　案例分析思路与步骤

（2）××县供电公司对于文某的工伤保险有哪些相关义务？文某对应有哪些权利？

【分析依据】

《中华人民共和国社会保险法》第三十三条、第三十六条。

【案例分析】

文某的工作单位是××县供电公司，该公司为文某办理了工伤保险并缴纳工伤保险费，因此文某与××县供电公司之间形成劳动关系，××县供电公司系文某的用人单位。电力体制改革后，根据上述有关人员分流安置的有关规定，文某被安置到国电某水电公司。国电某水电公司已为文某参加工伤保险并缴纳了工伤保险费，文某属于国电某水电公司参保职工。用人单位为职工参加工伤保险后，其职工因工作原因受伤或者患职业病，且被认定为工伤的，按照《工伤保险条例》规定的项目和标准具有享受工伤保险待遇的权利。

（3）××县供电公司欠缴文某工伤保险费用，文某是否应向单位申请工伤保险待遇？

【分析依据】

《中华人民共和国社会保险法》第四十一条。

【案例分析】

××县供电公司为文某申请工伤保险，并依法缴纳了2010年5月至2014年4月的工伤保险费，但其欠缴2014年5月及以后的工伤保险费的行为属于参保但未依法缴纳费用的情形，其据此适用《中华人民共和国社会保险法》第四十一条的规定，文某应向单位申请工伤保险待遇。县社会保险事业管理局能够举证证明文某工伤系参加工伤保险，但工伤在用人单位未依法缴纳工伤保险费期间发生，可拒绝支付文某的工伤保险待遇。

（4）对于欠缴职工社会保险（以下简称“社保”）费用的××县供电公司，县社会保险事业管理局应尽哪些法定职责？

【分析依据】

《中华人民共和国社会保险法》第六十三条、第八十六条。

【案例分析】

××县供电公司自2014年5月起一直欠缴文某的工伤保险费，县社会保险事业管理局未依法积极履行法定征收职责，是致使国电某水电公司欠缴文某工伤保险费行为长期存在的重要原因，按照社会保险法第六十三条、第八十六条，县社会保险事业管理局本应于查明欠缴事实之日起5个工作日内发出社会保险费限期补缴通知，责令用人单位在收到通知后5个工作日内补缴，同时告知其逾期仍未缴纳的，申请县级以上有关行政部门作出划拨社会保险费的决定，并通过行政强制执行或申请人民法院强制执行，确保用人单位依法履行工伤保险缴费义务；同时，可自欠缴之日起加收滞纳金，处以相应罚款。

管理启示

从个人角度来讲，要培养和增强社保监督意识。城镇职工的社会保险一般由公司代为缴纳，职工对于公司的过分信任很容易导致对于自身社保缴费情况的忽视。一旦个人社保出现问题不能及时发现，后续会带来一系列麻烦。因此，参保人应加强社保知识的学习，树立社保的监督意识，以便及时发现问题、解决问题。

从企业角度来讲，要增强缴费责任意识。职工是否在企业安心工作取决于这个企业是否能给职工足够的保障。社会保险工作是国家社会保障工作能够顺利实施的一项基础性工作，企业应当积极履行缴纳社会保险的义务，知法守法，保障内部职工的社保相关权益，提高职工的工作积极性。

从社保经办机构角度来讲，要加大企业监管力度。社保经办机构遇到用人单位欠费或没有为单位员工缴纳社保费用时，应当在查明事实真相后积极履行自身的法定征收职责，解决用人单位社保欠缴问题，不应听之任之，损害国家和社会的利益。

第二章　基本养老保险案例

基本养老保险是国家和社会根据一定的法律和法规，为解决劳动者在达到国家解除劳动义务的劳动年龄界限，或因年老丧失劳动能力退出劳动岗位后的基本生活而建立的一种社会保险制度。作为职工退休后的重要经济保障，养老保险通过将个人、企业、家庭养老的压力转嫁给社会，真正实现老有社会所养，老有社会所依。由于养老退休问题涉及群众的切身利益，如何提高公司和职工的社保意识，降低基本养老保险争议，也是各企业关注的焦点。本章结合电力公司实际，通过对几类养老保险案例中的矛盾冲突点进行详细阐述和梳理分析，给出相关启示，具体如下：

（1）用人单位“折现”养老保险费时如何解决？

（2）个人视同缴费年限未得到核定时如何解决？

（3）女职工法定退休年龄的认定标准是什么？

（4）个人在跨统筹地区就业时，基本养老保险关系是否必须转移及办理途径？

（5）退休年龄出现分歧，法院能否裁决？

案例2－1　养老保险费“折现”，安心养老如何保障？

案例简介：基本养老保险是以保障离退休人员的基本生活为原则，由国家立法并强制实行，企业和个人都必须参加、不得违背的一种社会保险制度。本案例主人公安某，因未与公司签订劳动合同，公司亦未给安某购买基本养老保险，仅给予安某一定的“折现”保险费。安某为实现老有所依，自己代缴了公司应缴纳的养老保险费，并申请仲裁及上诉，要求公司支付自己垫付部分。公司不予签订劳动合同合法吗？不为员工购买基本养老保险属于违法行为吗？将养老保险金“折现”符合法律规定吗？安某要求公司支付自己垫付的养老保险费有法律依据吗？

关键词：养老保险；保险费“折现”；劳动合同

法律条文

《中华人民共和国社会保险法》

第十条　职工应当参加基本养老保险，由用人单位和职工共同缴纳基本养老保险费。

无雇工的个体工商户、未在用人单位参加基本养老保险的非全日制从业人员以及其他灵活就业人员可以参加基本养老保险，由个人缴纳基本养老保险费。

公务员和参照公务员法管理的工作人员养老保险的办法由国务院规定。

第十一条　基本养老保险实行社会统筹与个人账户相结合。

基本养老保险基金由用人单位和个人缴费以及政府补贴等组成。

案例背景

安某是××市某公司的一名长期临时工，一直以来公司都未与安某签订劳动合同，公司亦未为安某购买基本养老保险，仅给予安某30000元的“折现”抚慰金。在一次同朋友就养老问题交谈后，安某了解到自身权利已受侵害，于是开始了自己的维权之路。

案例场景

1. 引言

2015年6月27日，安某像前几日一样，时不时地盯着手机，焦急地等待着一个重要短信。今天是法院判决五日内公司履行给付金钱义务的最后一天，公司为何迟迟不履行义务？正当安某忧虑的时候，手机突然弹出了来自中国银行的短信，显示已到账44245.66元。安某长舒一口气，心里的石头终于落了地，对于法院对公司应缴纳的养老保险费“折现”行为的公平判决，安某不胜感激。自己的维权之路，还要得益于和朋友小张的一次聊天……

2. 养老保险福利

安某是××市某公司的一名长期临时工，自1983年起至今一直在该公司工作。2015年3月的某一天，安某忙完了一天的工作，在下班回家的路上碰见了朋友小张。看到小张喜上眉梢的模样，安某不禁打趣道：“瞧你高兴的样子，不会是捡到钱了吧？”小张高兴地说：“退休前自己缴了一些养老保险费，公司也为自己缴了一部分，今天刚领了1500元的退休金，能领将近20年呢，以后的基本生活有保障了，可不就是捡到钱了嘛！”安某甚是惊讶，养老保险真有这么好？看着小张开心离去的背影，安某打定主意，回家后一定让孩子帮忙查一下养老保险的好处。

这不查不知道，一查才知道养老保险有许多好处，养老保险能够保障老年人的基本生活需求，为大家的老年生活提供稳定可靠的生活来源，同时也可以让大家在年老后老有所养……看完网上众多好评，安某不禁面色沉重。从1983年到现在，自己从未交过养老保险，公司也不曾为自己缴纳。2007年的时候，公司进行改制，公司全额为单位职工购买社会保险，但没有为自己购买，公司仅给予了30000元的“折现”抚慰金。算下时间，过两年自己也要退休了，可是这30000元哪能保障老年生活呢？安某不胜惶恐，立刻打电话给小张，向他说明了自己的情况……

3. 朋友助攻支良招

电话那头的小张听到安某的情况后，告诉安某不要担心，可以先按照公司同期职工的身份自己缴纳个人及公司应缴纳的养老保险费，然后找公司返还自己垫付的企业基本养老保险费。听小张讲完流程后，安某安心了不少。第二天一早，小张就以公司单位同期职工的身份，通过公司自行缴纳了个人及公司应缴纳的基本养老保险费，其中公司应缴纳部分为74245.66元。除却30000元系公司向他发放的“折现”抚慰金，安某自己还垫付了44245.66元。当系统录入自己的养老保险信息后，安某悬着的心落了下来，自己退休后也能向小张那样每月都能领取养老金了，想想就开心。安某定了定神，接下来要做的就是找公司返还自己垫付的44245.66元，于是快速朝负责公司社会保险的王部长的办公室走去。

4. 维权路上困难重重

向王部长表明自己的来意后，王部长告诉安某，虽然安某通过公司缴纳了养老保险费，但公司从未与他签订劳动合同，因此没有义务支付安某代缴的44245.66元。离开公司后，安某心里很不是滋味，伤心之际突然想到朋友小张说过的仲裁，于是打起精神，快步朝××市某劳动人事争议仲裁委员会走去。

安某焦急地等待了几天，没想到等来的却是《不予受理案件通知书》，仲裁委员会认为安某的申请并不属于其受理范围。此时的安某，像一只泄了气的皮球，维权之路这么困难吗？还是自己的权力根本就没有被侵害？

强制冷静了片刻，安某上网查询了相关案例及法律条文，发现自己的权利已经受到了侵害，于是依法起诉，准备寻求法院的帮助。

5. 法律公正得人心

在法庭上，经过安某和公司的各自陈述，法院最终认定：安某自1983年12月1日在该公司工作，双方虽未签订劳动合同，但已建立了事实上的劳动关系。同时，安某已按照公司单位同期职工的身份自己缴纳了基本养老保险，共计人民币74245.66元，其中30000元系公司向安某发放的“折现”抚慰金，安某自己垫付44245.66元。现安某要求公司给付自己垫付的基本社会保险费用44245.66元，法院对此予以支持。依照《中华人民共和国社会保险法》第十条、第十一条的规定，判决公司于判决生效之日起五日内，给付安某垫付的基本养老保险费44245.66元。

6. 尾声

时隔数月，安某终于维权成功，拿到了自己垫付的44245.66元养老保险费，同时也从一个法律文盲成长为一个学法、懂法、用法的维权人。

分析讨论

1. 分析思路

首先，从基本养老保险的覆盖范围及缴费义务人开始分析，明确在基本养老保险缴纳方面安某和公司应有的义务；其次，通过了解基本养老保险的制度模式和筹资方式，分析安某通过公司垫付基本养老保险是否合理正当；然后，通过了解基本养老保险缴费个人具有的权利，明确安某依法参保后享有的权利；最后，结合案例中公司将基本养老保险“折现”及未与职工签订劳动合同，分析其对职工依法享受养老退休权利的阻碍和影响。详细案例分析思路与步骤如图2－1所示。

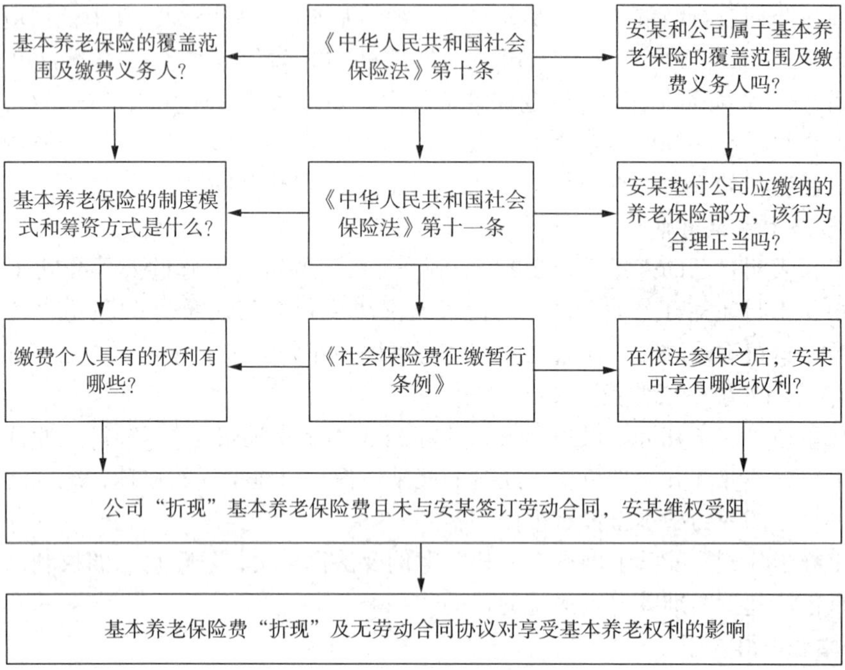

图 2-1　案例分析思路与步骤

2. 问题分析

(1) 安某和公司属于基本养老保险的覆盖范围及缴费义务人吗?

【分析依据】

《中华人民共和国社会保险法》第十条。

【案例分析】

基本养老保险覆盖了城镇各类企业及其职工、企业化管理的事业单位及其职工、城镇个体工商户和灵活就业人员等。因此，安某及公司都属于基本养老保险的覆盖群体，双方都要参加基本养老保险；同时，安某虽未与公司签订劳动合同，但双方已建立了事实上的劳动关系，因此，安某及其公司都是基本养老保险的缴费义务人，都有义务缴纳基本养老保险。

(2) 安某垫付公司应缴纳的养老保险部分，该行为合理正当吗?

【分析依据】

《中华人民共和国社会保险法》第十一条。

【案例分析】

基本养老保险基金由用人单位和个人缴费以及政府补贴等组成。因此，在公司未履行缴纳基本养老保险义务的情况下，安某为维护自己基本养老的权利，在缴纳个人养老保险费的同时，垫付公司应缴纳的 44245.66 元的行为是合理正当的。只有国家、单位和个人共同负担基本养老保险，才能形成完整的基本养老保险基金，个人于退休后才得以享受基本保障。

（3）在依法参保之后，安某可享有哪些权利？

【分析依据】

《社会保险费征缴暂行条例》。

【案例分析】

本案例中，安某依法缴纳基本养老保险，享有享受权、知情权、监督权、申请仲裁和行政诉讼权等。因此，安某与公司因养老保险义务的承担情况发生纠纷时，可向劳动争议仲裁委员会申请仲裁及向人民法院提起行政诉讼，依法维护自己的权利。

管理启示

劳动合同是劳动者与用人单位之间确立劳动关系、明确双方权利和义务的协议，劳动双方应以劳动合同建立劳动关系。同时，参加社会保险、缴纳社会保险费是用人单位和劳动者的法定义务，职工及用人单位必须依法参加社会保险，按规定履行缴费义务。因此，对于用人单位来说，应依法与劳动者签订劳动合同，明确权利义务，避免或减少劳动争议。同时，用人单位为劳动者缴纳基本养老保险是法律强制性规定，缴纳基本养老保险费既是当事人享有的权利，也是当事人应尽的义务。无论用人单位和劳动者怎么约定，都不能违反法律规定，损害社会公共利益。个人在面临参保选择时，不能因贪图眼前的蝇头小利，而忽视了退休后能带来的福利保障。同时，平时应多关注自己的社保情况，增强法律知识和维权意识。在自身权利遭受侵害后，应拿起法律武器，依法维护自身权利。

附　件

从《社会保险费征缴暂行条例》中可以看出缴费职工个人具有的权利：

（1）享受权。当缴费个人依法履行了缴费义务且达到规定的缴费年限时，其退休后可以依法享受基本养老保险的各项待遇。

（2）知情权。缴费个人有权按规定向养老保险经办机构查询本单位缴费状况和本人个人账户记录情况，在发现本人个人账户记录有误时，缴费个人可依法要求养老保险经办机构予以更正。同时，还有权要求所在单位向职工公布全年社会保险费的缴纳情况。

（3）监督权。任何人对有关社会保险费征缴的违法行为，都有举报权。如用人单位未按规定履行缴费义务，缴费个人认为其社会保险权益受到侵犯时，可以举报或提请有关部门处理；劳动保障行政部门或者税务机关对举报应及时调查，按规定处理，并为举报人保密。

（4）申请仲裁和行政诉讼权。当缴费个人与所在单位因社会保险义务的承担情况发生纠纷时，可依据《企业劳动争议处理条例》规定，向劳动争议仲裁委员会申请仲裁。当缴费个人就社会保险待遇享受的条件、给付标准、时限等与社会保险经办机构发生争议时，可向劳动保障行政部门提起行政复议，对行政复议决定不服的，可依法向人民法院提起行政诉讼。

案例 2－2 “视同缴费年限”，由谁管?

案例简介：自建立基本养老保险制度以来，用人单位与职工共同缴纳养老保险费，缴费年限越长，职工退休时的养老金就越高。对于在实行个人缴费制度之前就已参加工作的人员来说，工龄是否视同缴费年限直接影响其养老保险待遇的正常享受，且享受养老保险待遇需满足15年的缴费年限要求。因此，视同缴费年限不仅关乎养老保险待遇的计算标准，甚至影响到职工能否享受到养老保险待遇。本案例以一名计划内临时工转为合同制工人的视同缴费年限核定为背景，描述了该职工在认定过程中遇到的阻碍。临时工的工龄是否视同缴费年限？由谁负责视同缴费年限的核定工作？

关键词：基本养老保险；视同缴费年限；连续工龄

法律条文

《中华人民共和国社会保险法》

第八条　社会保险经办机构提供社会保险服务，负责社会保险登记、个人权益记录、社会保险待遇支付等工作。

第十三条　国有企业、事业单位职工参加基本养老保险前，视同缴费年限期间应当缴纳的基本养老保险费由政府承担。

基本养老保险基金出现支付不足时，政府给予补贴。

第六十三条　用人单位未按时足额缴纳社会保险费的，由社会保险费征收机构责令其限期缴纳或者补足。

案例背景

胡某是××市某供电公司的一名员工，自1985年1月以计划内临时工身份到公司参加工作，于1995年1月正式转为合同制工人。一天，胡某在与同事闲聊过程中了解到有同事退休后发现每月领取的养老金金额错误，胡某想到自己也已工作30多年，快要到退休年龄了，平时工作中确实未曾关注过公司在养老保险费方面的缴纳情况，若在退休后才发现自己利益受损，那已经晚了，还不如现在趁早解决。

案例场景

1. 引言

2016年7月的一天，胡某像往常一样在办公室内处理自己的事务。对着电脑长时间工作，胡某的眼睛有些酸痛，就拿起手边的水杯去茶水间准备休息一会。正巧碰到同事小陈和小张，胡某凑过去一起聊起来，“我有一个亲戚这个月刚拿到第一笔养老金，却发现金额不对，好像是因为视同缴费年限引起的，现在正发愁呢。过不了多久，咱们也退休了，不知道是否会出现类似问题。”“要不我们找时间一起去公司社保部门咨询一下？”小张提议道。

2. 心生疑虑

第二天上午，胡某便与同事一道前往公司社保部门了解自己的养老保险缴纳情况，同事小陈和小张确认无误后便先行离开了。轮到胡某时，心想着自个儿的养老保险肯定也没问题。看着系统上显示从 1994 年 3 月至今，养老保险已缴纳 20 多年了。“退休后缴纳达到 15 年，每月就可以领取养老金，你已经达到标准，放心吧!”胡某听到部门负责人这样说，心生喜悦，正准备离开时突然发现，自己明明是 1985 年 1 月就到单位工作，怎么是 1994 年 3 月，难道是因为自己 1994 年开始缴纳的养老保险？不安的思绪瞬间涌上心头。胡某回到办公桌前，左思右想，总觉得哪里不对劲，想到小陈亲戚的情况，胡某还是打开面前的电脑，带着自己临时工的工作年限能否被认定为视同缴费年限的疑问，敲下“视同缴费年限”搜索起来。

3. 解决未果

经过一上午的研究，胡某发现确有“视同缴费年限”一说，心里琢磨着：没想到类似小陈亲戚的情况也发生在自己身上了，只不过自己提前发现了。胡某当机立断，向公司提出申请，希望公司确定自己的工龄从 1985 年开始计算，将临时工期间的工作时间重新审查核定为视同缴费年限，即 1985 年 1 月至 1995 年 1 月的工作时间。同时，由于公司是自 1994 年 3 月起为胡某缴纳养老保险金的，因此，胡某要求公司为自己补缴 1985 年 1 月至 1994 年 3 月期间的养老保险费。然而，公司却以各种理由不给予解决。胡某耷拉着脑袋，虽然自己是以计划内临时工身份入职，但是在这期间也是勤勤恳恳地工作。小陈见胡某垂头丧气，便来询问情况，“申请仲裁吧，仲裁不行就上诉。”胡某听取小陈的建议后，便向××市某劳动人事争议仲裁委提出申请，要求公司进行费用补缴及视同缴费年限核定，最终该委员会以不属该委托受理范围为由决定对其申请事项不予受理。为此，胡某表示不服，认为公司未补缴将会影响自己退休后养老金的领取金额，便向人民法院提起诉讼。

4. 各执一词

2016 年 8 月 6 日，天气异常闷热，但胡某仍穿着一身西装来到庄严的法庭。庭上坐满了人，胡某内心十分紧张，但仍挺直腰板，心想工作归工作，自己的合法利益还是不能受损，今天一定要为自己做主。

胡某认为，从 1985 年到 1995 年自己一直在公司工作，这期间自己与公司是存在劳动关系的，既然存在劳动关系，公司就有义务缴纳养老保险费，而公司未按规定补缴，将会导致自己退休后每月少领一定数额的养老保险金。因此，胡某要求公司进行补缴，并且将自己临时工的时间认定为视同缴费年限。公司代理人在听到此类要求时立即表明，首先，1985 年至 1995 年能否计算为连续工龄并视同缴费年限，应该由劳动保障部门查实、审批和办理，而不是企业说办就能办的；其次，胡某所反映的问题并不是个案，公司也已向当地人力资源和社会保障局作出报告，并建议胡某可以询问人力资源和社会保障局，寻求最佳解决路径，实现自己的意愿。

胡某皱起眉，似懂非懂，难道不是由公司负责视同缴费年限的核定？

5. 豁然开朗

针对视同缴费年限问题，法院按照国务院《关于深化企业职工养老保险制度改革的通知》（国发〔1995〕6号）规定，实行个人缴费制度前，职工的连续工龄可视同缴费年限。《中华人民共和国社会保险法》第十三条规定：国有企业、事业单位职工参加基本养老保险前，视同缴费年限期间应当缴纳的基本养老保险费由政府承担。劳动和社会保障部办公厅《关于劳动合同制职工工龄计算问题的复函》（劳社厅函〔2002〕323号）中对临时工连续工龄计算的规定，如果胡某自1985年至1995年的工龄与其被招收为劳动合同制工人后的工作实际合并计算为连续工龄，胡某退休后的待遇则不会受到工龄的影响，也就不会造成经济损失。

听到这里，胡某紧皱的眉头稍微舒展开，心里的石头也终于落了地，这下视同缴费年限认定有着落了。然而，法官的一声“但是”让胡某心头一震，感到事情有些不妙，又接着继续听下去……

根据《关于审理劳动争议案件适用法律若干问题的解释（三）》第一条以及《中华人民共和国社会保险法》第八条的规定，关于胡某的诉求：要求公司为其补缴1985年1月至1995年1月的养老保险费用问题以及临时工期间的视同缴费年限的核定问题，不属于人民法院受理的受案范围。

此时，胡某才恍然大悟，点了点头。原来自己确实应该如公司所说，应该去当地社会保险经办机构寻求解决问题的方案。

6. 尾声

法官说完“驳回胡某对××市某供电公司的诉讼请求”后，便“嘭”的一声敲下了法槌，参庭人员陆续离场，胡某也起身走出法院。虽然，胡某的诉求因不符合起诉条件被驳回，但他心服口服。

第二天，胡某与公司社保负责人就连续工龄视同缴费年限的问题进行了进一步沟通。公司表明，将会认真履行自身义务，合法保障员工利益，同时也会就相关保险问题向员工提供一些学习资料及培训。胡某也表明自己太过心急，并会认真学习社保知识。

分析讨论

1. 分析思路

首先，从分析视同缴费年限对职工退休后享受养老保险待遇的影响入手，了解视同缴费年限的重要性；其次，以胡某与其公司就养老保险视同缴费年限的核定问题为案例纠纷点，了解到单位与社会保险经办机构在视同缴费年限核定工作上的职责；最后，就该案例中存在的养老保险费补缴问题，明确单位及社会保险经办机构的义务，据此知晓职工在其权益受损时的维护途径。详细案例分析思路与步骤如图2-2所示。

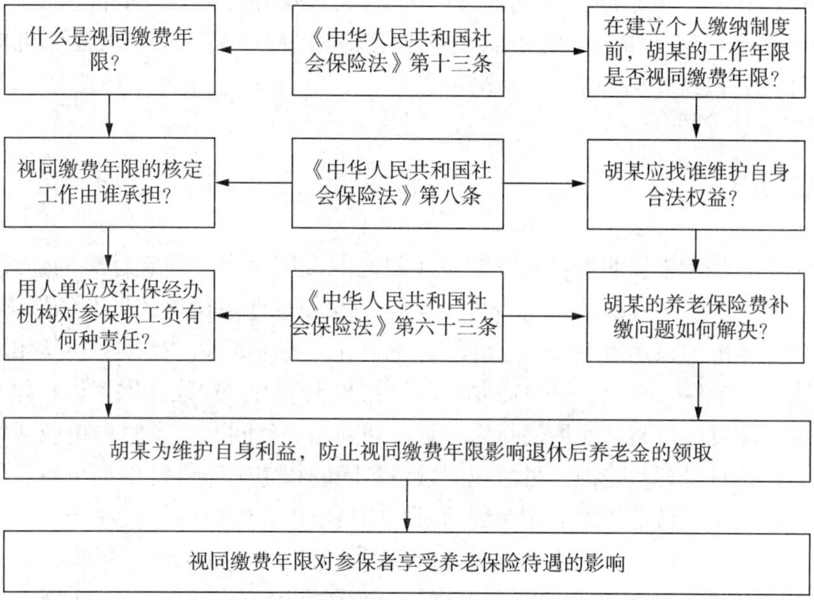

图 2－2　案例分析思路与步骤

2. 问题分析

（1）实际缴费年限、视同缴费年限以及缴费年限之间的区别与联系？

【分析依据】

《中华人民共和国社会保险法》第十三条。

【案例分析】

首先，胡某自 1994 年 3 月开始缴纳养老保险费，实际缴费年限则从 1994 年 3 月开始计算至今；其次，胡某从 1985 年 1 月入职开始到 1995 年 1 月的身份是计划内临时工，若该期间他的工龄可被核定为连续工龄，则视同缴费年限从 1985 年 1 月算起至 1995 年 1 月，总共 10 年。因此，胡某的累计缴费年限即为实际缴费年限与视同缴费年限之和。

（2）胡某视同缴费年限的核定工作由谁负责？

【分析依据】

《中华人民共和国社会保险法》第八条。

【案例分析】

在本案例中，胡某与公司间的纠纷实际为胡某临时工期间的工作年限是否能核定为视同缴费年限的问题。根据相关规定，社会保险经办机构负责社会保险登记、核定社会保险费、参保人员权益记录、社会保险待遇支付等各项工作。因此，胡某可向社会保险经办机构进行咨询，要求其依据档案记载、相关文件的规定等进行重新审核。

（3）公司未为职工缴纳养老保险费用时，职工该如何维护自身权益？

【分析依据】

《中华人民共和国社会保险法》第六十三条。

【案例分析】

公司自 1994 年 3 月开始为胡某缴纳养老保险，而在 1985 年 1 月至 1994 年 3 月期间，胡某与公司是存在劳动关系的。因此，公司应当补缴该期间内胡某的养老保险费用。若公司未按照相关规定为胡某缴纳，则胡某可向社会保险机构如实反映，由社保机构向单位核实且责令其补缴，以维护自身合法权益。

管理启示

视同缴费年限是指参保职工在实际缴费年限之前按国家有关规定计算的连续工作年限。而视同缴费年限关系到个人退休后是否可以享受基本养老保险待遇，以及领取多少养老金，因此，视同缴费年限的核定事关参保人员的切身利益，参保本人、社保局还是用人单位都应当加强关注度。对参保人来说，平时需要加强社保知识学习、增强社保意识；经常关注自身社保缴纳情况，监督单位与社保局的行为，且在遇到相关疑问时，及时向单位或社保经办机构提出咨询，防止自身利益受损。虽然视同缴费年限的核定工作由社保局负责，但作为用人单位，在员工提出视同缴费年限的相关疑问时，应当给予详细解答；且应当按时足额缴纳员工的社会保险费用，缴纳不足时应当按照规定予以补缴，避免损害员工利益。

据此，对于用人单位没有为劳动者办理社会保险手续且社会保险经办机构不能办理补缴手续导致劳动者无法享受社会保险待遇，由此产生的赔偿损失纠纷，才属于人民法院受理的社会保险争议案件范围。

附 件

附件 1

《劳动和社会保障部办公厅关于劳动合同制职工工龄计算问题的复函》（劳社厅函〔2002〕323 号）规定：

对按照有关规定招用的临时工，转为企业劳动合同制工人的，其最后一次在本企业从事临时工的时间与被招收为劳动合同制工人后的工作时间可合并计算为连续工龄。在当地实行养老保险社会统筹前的临时工期间的连续工龄，可视同缴费年限；在当地实行养老保险社会统筹后的临时工期间的连续工龄，要按规定缴纳养老保险费，计算缴费年限，没有缴纳养老保险费的不能计算视同缴费年限或缴费年限。

附件 2

《关于审理劳动争议案件适用法律若干问题的解释（三）》第一条规定：

劳动者以用人单位未为其办理社会保险手续，且社会保险经办机构不能补办导致其无法享受社会保险待遇为由，要求用人单位赔偿损失而发生争议的，人民法院应予受理。

案例 2－3　女职工究竟多大年龄退休？是 50 岁还是 55 岁？

案例简介：退休年龄是职工领取基本养老保险金的年龄条件，也是女职工最关心、最直接、最现实的利益问题之一。根据现行相关规定，男职工退休年龄为年满 60 周岁，女干部为 55 周岁，女工人为 50 岁。近年来，女职工与用人单位因退休年龄问题发生争议现象日益增多。本案例主人公言某霞，认为自己在管理岗位工作多年，应当按55岁退休，不服公司以自己已达50岁法定退休年龄而单方面终止劳动合同的行为，申请仲裁及上诉。言某霞要求公司继续履行劳动合同是否合理？其管理、生产岗位工作时长又该如何判定？言某霞到底应该是50岁退休还是55岁退休？

关键词：女职工；退休年龄；劳动争议；养老保险

法律条文

《中华人民共和国社会保险法》

第十六条　参加基本养老保险的个人，达到法定退休年龄时累计缴费满十五年的，按月领取基本养老金。

参加基本养老保险的个人，达到法定退休年龄时累计缴费不足十五年的，可以缴费至满十五年，按月领取基本养老金；也可以转入新型农村社会养老保险或者城镇居民社会养老保险，按照国务院规定享受相应的养老保险待遇。

案例背景

言某霞是国网××省电力公司某供电分公司的一名女职工，今年50岁的她在工作岗位上一直勤勤恳恳、任劳任怨。虽然经常听同事聊起女职工退休年龄的问题，但从没放在心上，认为自己长期从事管理岗，肯定是55岁退休。没想到突然有一天，公司告诉她已经达到法定退休年龄，终止了双方的劳动合同。

案例场景

1. 引言

2016年7月2日下午，某供电分公司办公室里弥漫着一股聒噪的气息。沉浸在工作中的言某霞突然感觉有点口渴，于是起身拿着水杯朝茶水间走去，还没走到茶水间，便迎面碰到了人力部的张部长。张部长说道："老言，人力部这边有些退休材料需要您核实，您现在有空吗？"言某霞心里嘀咕，自己于1966年7月出生，今年才50岁，在管理岗位上待了这么久，离退休还有5年时间呢，公司现在就核实退休材料，该不会是要让她提前退休吧。言某霞心里有些疑惑，于是跟着张部长去了人力部的办公室，准备仔细核对一下自己的工作履历。

2. 退休年龄遭争议

在仔细核查公司提供的工作履历后，言某霞和张部长确认了以下事实：言某霞1986年1月至1987年9月为××省金竹山电厂燃料科工人；1987年10月至1989年10月在电业局行政中心幼儿园从事幼儿教师工作；1989年11月至1995年6月在电业局行政中心水电班从事内勤工作；1999年11月至2007年11月在电业局城东供电局财务股从事电费会计工作；2007 年 12 月至 2010 年 6 月在电业局电费中心账务组从事电费会计工作；2010 年 7 月至今，在电业局物资供应中心担任物资综合专责。但是，言某霞对其 1995 年 7 月至 1999 年 10 月任职水电抄收岗位提出质疑，认为在此期间她在电业局行政中心总务组担任房屋管理综合专责，而非水电抄收。

思考了片刻，言某霞说："张部长，1995 年 7 月到 1999 年 10 月我从事的可是房屋管理员，并不是水电抄收工，公司是不是搞错了？而且您看，我从 1995 年到现在都一直在管理岗位上，不应该是 55 岁退休吗？"张部长回应："老言啊，您的工作履历我们人力部确实仔细清楚地进行了调查，根据《××省电力公司 1993—1995 年技能工资改革审批表》，您的岗位名称是水电抄收工；另外，通过《××省电力公司 1999 年工资结构调整个人审批表》查询，您的岗位仍是水电抄收；并且，根据《株洲电业局电费管理中心建设实施方案》中电费管理中心岗位设置表显示，电费账务员（会计）的岗位属性为生产岗位。所以，您在 1995 年 7 月至 1999 年 10 月的岗位为水电工，2007 年 12 月至 2010 年 6 月的岗位为电费账务员（会计），这两个岗位都属于生产岗位，这确实是事实。因此，老言啊，您在生产岗位工作年限为 16 年 6 个月，管理岗位工作 14 年，根据相关文件规定，您符合长期在生产岗位工作退休年龄为 50 岁的规定。"双方各执其词，办公室陷入一片沉寂。

3. 我是管理岗，不能退休

随后，张部长拿出一张退休登记表，宣布言某霞已经达到法定退休年龄 50 岁，需要办理退休手续。言某霞认为公司档案记载不符，向张部长出示了自己的《参加革命工作前后履历》，上面记载着自己于 1995 年 7 月至 1999 年 10 月在电业局行政中心总务组担任房屋管理综合专责。张部长也觉得很疑惑，于是两人再一次翻看了公司档案，发现言某霞在 1996 年是从事房屋管理员工作，且总务组规定房产管理员仅设一人。这时，张部长发现，言某霞提供的《参加革命工作前后履历》并没有相关部门的盖章确认，因此无法证明其真实性。言某霞觉得很委屈，坚持认为自己于 1995 年 7 月至今一直从事管理岗位，张部长的解释过于牵强，没有事实依据。最终，双方对言某霞退休问题没能达成一致协议。在言某霞拒绝填写退休登记表后，张部长根据公司相关规定，单方面终止了双方的劳动合同。

言某霞一想到这件事情就头疼，身为公司老员工的她在工作岗位上兢兢业业，没想到公司突然以她已达到 50 岁的退休年龄为由，单方面强行终止了双方的劳动合同。言某霞很迷茫，自己在管理岗位上工作这么久，不应该是 55 岁退休吗？无奈之下，言某霞向××省劳动人事争议仲裁委员提出仲裁申请。2016 年 8 月 11 日，××省劳动人事争议仲裁委员会作出《不予受理案件通知书》，以不属于劳动人事争议仲裁委员会受案范围为由决定不予受理。言某霞表示不服，于是一张状纸将公司告上了法院。

4. 上堂争辩，各执一词

2017 年 5 月，言某霞起诉到法院，强调于 1995 年 7 月开始，在供电分公司先后从事房屋综合管理、电费会计、资料员、物资综合专责等至今，一直是管理岗位。按照现行法律法规，应当按 55 岁退休。供电分公司单方面强行终止双方劳动合同的行为，侵犯了自己的劳动工作权力，要求判令双方继续履行劳动合同。

法庭上，供电分公司辩称：

（1）言某霞长期在生产岗位工作，退休年龄应为 50 岁。经调阅公司档案及言某霞履历，可以发现言某霞在生产岗位工作年限为16年6个月，在管理岗位工作14年，根据相关文件规定，言某霞符合长期在生产岗位工作退休年龄为50岁的规定。

（2）言某霞在相关工作岗位从事工作时间相当长，在起诉前从未提出过任何异议，所以言某霞是知道相关岗位的工作内容和工作性质的，且对工作性质是予以认可的，根据文件第十条规定，被告对自己企业岗位设定符合规定。

（3）供电分公司为言某霞办理手续符合相关规定，所以言某霞应在50岁退休。在言某霞符合退休年龄的情况下，供电分公司为其办理退休手续符合法律规定。

综上所述，言某霞对工作性质认识存在偏差，请求驳回言某霞的诉讼请求。

5. 调查举证，依法行事

经过双方的陈述及提供的证据，法院确认言某霞与供电分公司之间建立了劳动关系。同时，根据《××省关于完善企业职工基本养老保险制度若干政策问题的意见》第十条规定，《中华人民共和国劳动法》实施前参加工作的女工人和《中华人民共和国劳动法》实施后参加工作的女职工，以其长期所在岗位确定退休年龄。长期在管理岗位上工作的，退休年龄为55周岁；长期在生产岗位上工作的，退休年龄为50周岁。因此本案争议的焦点是言某霞是否长期在生产岗位工作。对于生产岗位的确定，上述文件规定“凡在本单位担任一定行政管理职务或未直接从事本单位生产产品活动或不直接从事本行业一线生产、服务、工勤岗位工作的，都按从事管理岗位确定”。在本案例中，言某霞与供电分公司双方对言某霞在1986年1月至1995年7月为生产岗位（9年6个月），1999年11月至2007年11月为管理岗位（8年），2010年7月至2016年6月为管理岗位（6年）没有异议；但对1995年7月至1999年10月，2007年12月至2010年6月的岗位性质双方存在争议。

1995年7月至1999年10月，言某霞在电业局行政中心总务组，言某霞陈述是在房屋管理综合专责岗位，并提供了《参加革命工作前后履历》予以证明。但供电分公司认为言某霞是在水电抄收岗位，并提供了《××省电力公司1993—1995年技能工资改革审批表》和《湖南省电力公司1999年工资结构调整个人审批表》予以证明。上述证据中《参加革命工作前后履历》没有相关部门的盖章确认，无法证明其真实性。供电分公司提供的1993—1995年和1999年的审批表上都注明言某霞岗位为水电抄收工，且根据《关于各基层单位（含多经企业）机构、岗位岗级、职数设置有关事项的通知》明确总务组设房产管理员一人，不认可言某霞在1996年是从事房屋管理员工作。综上所述，法院认为言某霞在1995年7月至1999年10月期间从事的是水电抄收工，而不是房屋管理员，该段时间内言某霞的岗位性质为生产岗位。

2007年12月至2010年6月言某霞在电业局电费中心账务组，担任电费会计。根据《株洲电业局电费管理中心建设实施方案》中电费管理中心岗位设置表显示，电费账务员（会计）的岗位属性为生产岗位。该岗位性质的设置是企业自主权的体现。因此，言某霞在此段时间内的岗位性质为生产岗位。

因此，言某霞从事生产岗位的年限为16年6个月，从事管理岗位的年限为14年。同时，根据《中华人民共和国社会保险法》第十六条第一款规定，言某霞已达到退休并领取养老金的标准。

分析本案，言某霞与供电分公司之间的争议实为言某霞是否长期在生产岗位或管理岗位上工作及法定退休年龄的争议，该争议并非最高人民法院《关于审理劳动争议案件适用法律若干问题的解释》第一条规定的劳动争议案件审理的范围。因此，言某霞与供电分公司因为本案发生的争议，不属于平等民事主体之间的争议，不属于人民法院受理民事诉讼的范围。

综上所述，依照最高人民法院《关于适用〈中华人民共和国民事诉讼法〉的解释》第三百三十条的规定，裁定驳回言某霞的起诉。

6. 尾声

随着法院宣判的结束，言某霞意识到，自己与供电分公司的争议确实不属于人民法院受理民事诉讼的范围，而且退休审批确实也不是公司能做得了主的。休息几天后，言某霞向××省人力资源和社会保障厅走去。

分析讨论

1. 分析思路

首先，本案例对职工的退休年龄进行了界定，明确了女职工言某霞的法定退休年龄；其次，通过熟悉职工享受基本养老保险待遇的条件，分析言某霞是否符合相应条件；再次，通过了解法院受理劳动争议的范围，分析法院是否应对该起劳动争议案件负责；最后，结合案例中言某霞管理岗位、生产岗位工龄模糊的背景，明确管理、生产岗位工龄认定对女职工法定退休年龄的影响。详细案例分析思路与步骤如图 2－3 所示。

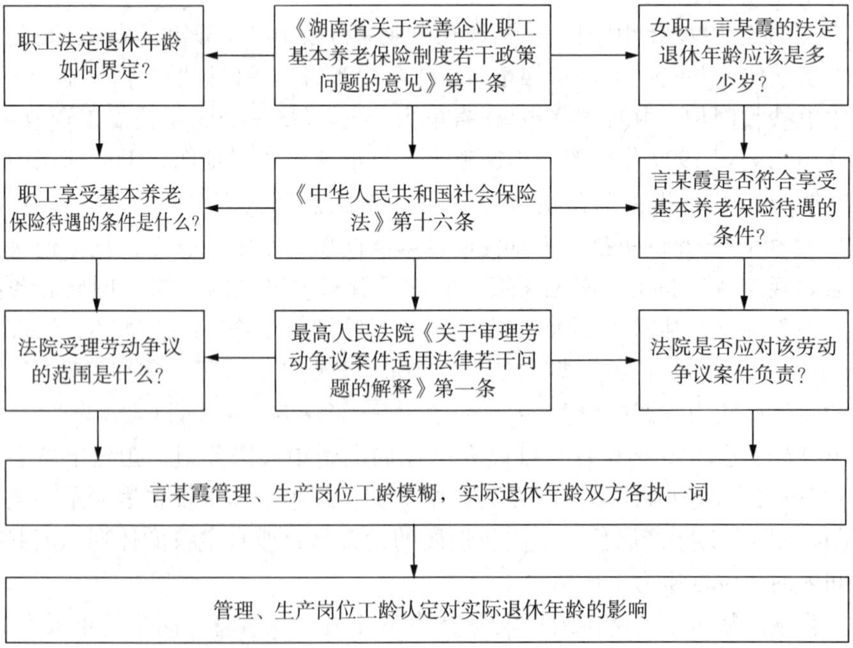

图 2－3　案例分析思路与步骤

2. 问题分析

（1）女职工言某霞的法定退休年龄应该是多少岁？

【分析依据】

《湖南省关于完善企业职工基本养老保险制度若干政策问题的意见》第十条。

【案例分析】

根据相关规定，《中华人民共和国劳动法》实施前参加工作的女工人和《中华人民共和国劳动法》实施后参加工作的女职工，以其长期所在岗位确定退休年龄。长期在管理岗位上工作的，退休年龄为55周岁；长期在生产岗位上工作的，退休年龄为50周岁。经法院查明，言某霞从事生产岗位的年限为16年6个月，从事管理岗位的年限为14年，因此言某霞的退休年龄为50周岁。

（2）言某霞是否符合享受基本养老保险待遇的条件？

【分析依据】

《中华人民共和国社会保险法》第十六条。

【案例分析】

在本案例中，言某霞与供电分公司之间已建立劳动关系，供电分公司及言某霞作为缴费义务人，在劳动合同期间均履行缴费义务达30年，因此在缴费年限上已达享受基本医疗保险待遇的“门槛”。同时，言某霞已达法定退休年龄50周岁。因此，言某霞符合享受基本养老保险待遇的条件，可以按月领取基本养老金。

（3）法院是否应对该劳动争议案件负责？

【分析依据】

最高人民法院《关于审理劳动争议案件适用法律若干问题的解释》第一条、最高人民法院《关于适用〈中华人民共和国民事诉讼法〉的解释》第三百三十条。

【案例分析】

在本案例中，言某霞与供电分公司之间的争议实为言某霞是否长期在生产岗位或管理岗位上工作及法定退休年龄的争议。该争议并非最高人民法院《关于审理劳动争议案件适用法律若干问题的解释》第一条规定的劳动争议案件审理的范围。因此，言某霞与供电分公司发生的争议不属于平等民事主体之间的争议，不属于人民法院受理民事诉讼的范围，因此法院不对该劳动争议案件负责。

管理启示

近年来，因女职工退休年龄问题而引发的劳动争议屡见不鲜。在女职工退休问题上，不仅企业要依法行事，通过签订劳动合同来明确劳动者的工作内容、岗位性质等，政府有关部门也要进一步完善相关文件，规范、界定社会公众认可的企业管理、专业技术岗位，作为女职工退休年龄认定的依据，这对于维护女职工的合法权益和特殊利益以及养老保险制度的可持续发展具有十分重要的意义。

女性职工退休年龄问题涉及职工自身的劳动权益和经济利益。因此，女职工应增强自身的法律意识，了解法定退休年龄的相关法律认定，同时要保留有效的工作履历表、劳动合同等能证明自身身份的证据，作为相应的维权依据。不仅平时要学法、懂法，在遇到自身法定退休年龄与法律文件规定不符的情况时，也要主动使用法律武器来维护自己的权利。

附 件

附件 1

《湖南省关于完善企业职工基本养老保险制度若干政策问题的意见》第十条：

女职工退休年龄的确定。经人事行政主管部门审批录用为干部的女职工，退休年龄为55 周岁。《中华人民共和国劳动法》实施前参加工作的女工人和《中华人民共和国劳动法》实施后参加工作的女职工，以其长期所在岗位确定退休年龄。长期在管理岗位上工作的，退休年龄为 55 周岁；长期在生产岗位上工作的，退休年龄为 50 周岁。

凡在本单位担任一定行政管理职务或未直接从事本单位生产产品活动或不直接从事本行业一线生产、服务、工勤岗位工作的，都按从事管理岗位确定。职工在管理岗位的累计工作时间大于在生产岗位的累计工作时间即为长期在管理岗位工作，退休年龄应为 55 周岁；反之，即为长期在生产岗位工作，退休年龄为 50 周岁。企业职工退养或待岗、下岗期间，不计算在岗工作时间。

附件 2

最高人民法院《关于审理劳动争议案件适用法律若干问题的解释》第一条：

劳动者与用人单位之间发生的下列纠纷，属于《中华人民共和国劳动法》第二条规定的劳动争议，当事人不服劳动争议仲裁委员会作出的裁决，依法向人民法院起诉的，人民法院应当受理：

（一）劳动者与用人单位在履行劳动合同过程中发生的纠纷；

（二）劳动者与用人单位之间没有订立书面劳动合同，但已形成劳动关系后发生的纠纷；

（三）劳动者退休后，与尚未参加社会保险统筹的原用人单位因追索养老金、医疗费、工伤保险待遇和其他社会保险费而发生的纠纷。

附件 3

最高人民法院《关于适用〈中华人民共和国民事诉讼法〉的解释》第三百三十条：

人民法院依照第二审程序审理案件，认为依法不应由人民法院受理的，可以由第二审人民法院直接裁定撤销原裁判，驳回起诉。

案例 2-4　跨统筹地区就业，是办理社保关系转移还是约定异地缴纳报销？

案例简介：如今人们离开家乡去往外地工作已成常态，而当人们跨统筹地区就业时，对养老保险关系是否转移不够关注。跨统筹地区就业是指参加养老保险的个人跨省、自治区、直辖市就业，其中职工在统筹范围内流动时，需要转移其保险关系至新参保单位，以保障自身合法权益。本案例中主人公刘某与公司约定养老保险异地缴纳报销，而后公司以刘某未转移社保关系为由不予报销处理，最终刘某通过上诉请求保障自身权益。跨统筹地区就业时仅约定异地缴纳报销，而不转移保险关系的情况是否合理？

关键词：基本养老保险；跨统筹地区就业；社保关系转移

法律条文

《中华人民共和国社会保险法》

第八条　社会保险经办机构提供社会保险服务，负责社会保险登记、个人权益记录、社会保险待遇支付等工作。

第十九条　个人跨统筹地区就业的，其基本养老保险关系随本人转移，缴费年限累计计算。个人达到法定退休年龄时，基本养老金分段计算、统一支付。具体办法由国务院规定。

第五十八条　用人单位应当自用工之日起三十日内为其职工向社会保险经办机构申请办理社会保险登记。未办理社会保险登记的，由社会保险经办机构核定其应当缴纳的社会保险费。

第六十三条　用人单位未按时足额缴纳社会保险费的，由社会保险费征收机构责令其限期缴纳或者补足。

案例背景

2015 年 7 月，刘某从家乡 A 市至 B 市某石化公司参加工作，担任办事处主任。因前往 B 市就业，其在 A 市的基本养老保险关系及医疗保险需转移至新单位进行参保。因转移手续流程复杂，刘某便向单位申请异地缴纳报销，经公司负责人批准同意后，其养老保险费按照自己缴纳、公司报销的形式处理。然而，在自己辞职后，要求公司就缴纳的养老保险予以报销时，“约定”变为了公司口中的“按制度办事”，刘某心有不甘，在经历一审败诉之后，继续自己的维权之路。

案例场景

1. 引言

2017 年 3 月 13 日，刘某回老家 A 市休假，顺便缴纳了 2016 年 7 月至 2017 年 3 月的养老保险及医疗保险，刘某让工作人员开具了缴费凭证并小心收好。由于进入 B 市新单位时与公司约定养老保险及医疗保险可异地缴纳报销，这个就是缴费的依据。

2. 不予报销

趁着这次休假，刘某也想认真考虑一下是否接受另一家公司的邀请。经过慎重思考后，刘某在 3 月 26 日向公司提出辞职申请。第二天，刘某便前往公司人力处办理了解除劳动关系等相关手续。刚从人力部门出来后，刘某想起自己缴纳的养老保险及医疗保险还未报销，遂前往公司社保服务部门，“张部长，我已经辞职了，您看我这 2016 年 7 月至

2017 年 3 月的社保费，包括养老保险和医疗保险费用总共 4389. 6 元麻烦您给报销一下。”刘某从背着的黑色皮包中拿出一张缴费凭证递向社保负责人。张部长眉头紧皱，在电脑上查了一下说：“你的养老保险关系没有转到我们单位，我们无法给予报销。”刘某听后，异常困惑：“我刚进入公司工作时，就与公司负责人约定好异地缴纳报销的啊。”“老刘，你这情况我们部门并不知情，况且我们也是按照章程办事的，你看看公司哪有员工社保没有转移的?”刘某表示自己与公司确有约定，遂向仲裁委员会申请了仲裁，但公司以刘某入职后实行异地参保而未办理社保关系转移手续违反了法律强制性规定为由不予报销。

3. 事有转机

回到家中，刘某上网查询了社会保险法相关规定，确有条例说到基本养老保险关系随本人转移的情况，但是心里琢磨着自己与公司约定在先，难道就没有说服力了吗？何况公司已报销自己 2015 年入职到 2016 年 6 月的社会保险费，只是 2016 年 7 月至解除合同止的社会保险费未按照约定予以报销，难道不属于违约吗？此时，妻子的抱怨声传来：“当初嫌转移手续麻烦，现在可好?”气氛凝重的屋中响起电话铃声，是同事老李的电话，“老刘，你这事确实不该口头约定啊，不具有法律约束力。不过你不是有公司负责人签过字的《文件批办表》嘛，这也许可以作为一份合同以证明公司确实同意你社保异地缴纳报销，你可以再去争取一下。”听完同事老李的建议后，刘某将《文件批办表》以及自己的社会保险费缴费凭证放进文件夹，想通过向法院上诉的途径争取报销的可能。

4. 一探究竟

2018 年 8 月 6 日，针对刘某报销一事，法院组成合议庭进行了审理。当天，刘某正装出席法庭，心中忐忑不安，不知与公司约定的基本养老保险异地缴纳报销是否有效。刘某与公司的争议焦点是公司是否应当向刘某支付其已经缴纳的养老保险和医疗保险中单位承担的部分。

法官根据《中华人民共和国社会保险法》第十九条、第五十八条、第六十三条有关规定，以及刘某提供的《文件批办表》、社会保险费缴费凭证，可以证实：首先，公司同意刘某异地参保缴纳养老保险费并由公司予以报销，是双方真实意思表示；其次，在刘某实际缴纳养老保险费后，就报销问题，公司与刘某产生了债权债务关系；另外，公司与刘某之间关于社保费缴纳、报销的约定是否产生《中华人民共和国社会保险法》所指向的效果与双方之间就保险费报销所产生的债权债务关系系不同的法律关系，即公司与刘某均不得因其约定规避《中华人民共和国社会保险法》的权利义务约束，但并不影响刘某实际缴纳社会保险费后就债权债务关系主张报销的权利。因此，公司未履行《中华人民共和国社会保险法》所规定的义务，应在十日内向刘某支付其已缴纳的单位承担的 2016 年 7 月至 2017 年 3 月期间的养老保险和医疗保险金额 4389. 6 元。

刘某长舒一口气，僵硬的身体终于放松下来。

5. 尾声

过了两天，刘某收到了来自公司 4389. 6 元的转账，心想公司的办事效率还挺高，此时“叮”的一声，胡某又收到一封邮件：……给您造成不便，公司将会严格按照规定行事，保障各员工的合法权益。读完邮件，刘某的心情平复了很多。如今社会保险法日益完善，在跨统筹地区就业时，还是要按照规定办理社保关系转移手续，既确保了正常享受社保待遇，也避免了一些本不该发生的纠纷。

分析讨论

1. 分析思路

首先，本案例从刘某与公司因“约定”引发的纠纷入手，分析参保者在跨统筹地区就业时其养老保险关系是否转移的问题，了解保险关系转移对职工的影响；其次，通过对刘某与公司间异地缴纳报销的约定是否具有合理性进行分析，明确用人单位在职工未转移养老保险时的义务；最后，分析当用人单位未尽其义务时，社保经办机构对参保者的职责，据此知晓职工在其权益受损时的维护途径。详细案例分析思路与步骤如图2－4所示。

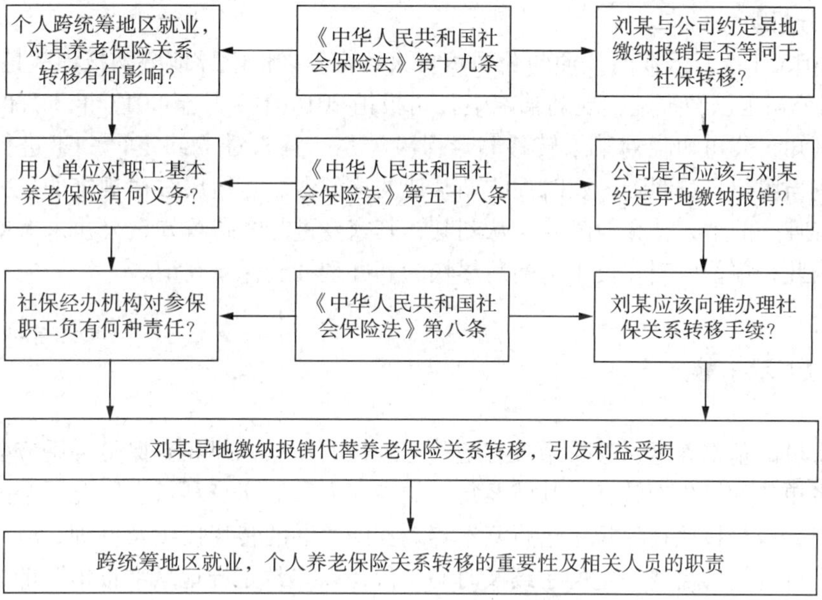

图2－4　案例分析思路与步骤

2. 问题分析

（1）刘某在跨统筹地区就业时，其养老保险关系是否必须转移？

【分析依据】

《中华人民共和国社会保险法》第十九条。

【案例分析】

本案例中，刘某与公司的纠纷归结于养老保险关系的转移上，他们用“异地缴纳报销”的约定代替保险关系的转移，而最终“约定”走上法庭。由于“个人累计缴费满15年”是职工退休领取养老金的条件之一，由此可知缴费年限对参保人员享受养老保险待遇的重要程度。而在工作地点发生变动时，基本养老保险关系的转移也直接影响缴费年限的累计计算。此案中刘某取得了胜诉，在跨统筹地区就业时转移保险关系不仅遵守了法律规定，也维护了自身享受社会保险待遇的合法权益。

（2）刘某若进行养老保险关系转移，该向谁办理转移手续?

【分析依据】

《中华人民共和国社会保险法》第八条。

【案例分析】

本案例中的纠纷发生在刘某与公司之间，但问题的根源在于养老保险关系未办理转移。根据相关规定可知，社会保险经办机构负责社会保险登记、参保人员权益记录、社会保险待遇支付、社保关系转移等各项工作。因此，参保人员在需要办理养老保险关系转移手续时，可以向社保经办机构咨询。

（3）用人单位在刘某养老保险关系的转移中扮演何种角色?

【分析依据】

《中华人民共和国社会保险法》第五十八条。

【案例分析】

刘某2015年7月入职时，便与公司负责人约定养老保险异地缴纳报销，且至2016年7月的费用公司也已经报销，现刘某希望公司报销2016年7月至2017年3月的养老保险费。由此可知，公司知晓刘某未转移养老保险关系，且未对“约定”一事进行阻止。因此，公司应当履行自身职责，及时提醒刘某他的这种做法是违反法律规定的。另外，因参保人员拥有唯一的个人社会保障号，从刘某在其家乡进行缴费可知，公司未对刘某进行社保登记，因此，单位应当在员工上岗后尽快为其办理社会保险登记。

管理启示

参保人员的基本养老保险关系具有记录连续性的特点，即养老保险关系应当随个人工作地点或者单位的变化而转移，其涉及每一位参保人员的切身利益。因此，个人在跨统筹地区就业时，应当按照社保规定进行基本养老保险关系的转移接续及办理，时刻维护自身利益。虽然办理转移需要一定的手续及时间，但是以“约定异地缴纳报销”的方式投机取巧，不仅可能引发纠纷，也会影响自身基本养老保险费的缴纳，导致后续养老金额的损失。另外，对跨统筹地区就业的职工，用人单位应当提前告知养老保险关系转移的必要性以及办理途径。在面对员工一切不符合法律规定的社保要求时，公司应当果断拒绝，并及时对员工进行社保知识培训，增强员工的社保意识，维护员工与公司的合法权益。

案例2－5　退休年龄出现分歧，法院是否能裁决

案例简介：退休年龄是职工最关心、最直接、最现实的利益问题之一。近年来，因是否达到法定退休年龄而引发的争议、纠纷已屡见不鲜。那么，当劳动者对于自己法定退休年龄认定依据产生异议时该如何申诉呢？此案例通过分析国网××省电力有限公司某供电公司的职工胡某某的退休年龄认定依据的争议事件来诠释《中华人民共和国民事诉讼法》第

一百一十九条、《中华人民共和国行政诉讼法》第十三条的内容，透过案例主人公胡某某从单位内部申诉到一纸诉状将单位告上法庭，再到不服一审判决提出上诉请求的曲折过程，可以从中得到什么启示？是否任何纠纷都可以通过法院来调解审判？

关键词：退休年龄；认定依据；维权方式

法律条文

《中华人民共和国民事诉讼法》

第一百一十九条　起诉必须符合下列条件：

（一）原告是与本案有直接利害关系的公民、法人和其他组织；

（二）有明确的被告；

（三）有具体的诉讼请求和事实、理由；

（四）属于人民法院受理民事诉讼的范围和受诉人民法院管辖。

《中华人民共和国行政诉讼法》

第十三条　人民法院不受理公民、法人或者其他组织对下列事项提起的诉讼：

（一）国防、外交等国家行为；

（二）行政法规、规章或者行政机关制定、发布的具有普遍约束力的决定、命令；

（三）行政机关对行政机关工作人员的奖惩、任免等决定；

（四）法律规定由行政机关最终裁决的行政行为。

案例背景

胡某某是国网××省电力有限公司某供电公司（以下简称“供电公司”）的一名职工。她于1990年毕业分配进入供电公司工作，1998年9月调入办公室从事公文打字工作，2001年至2005年负责办公室会议管理、行政接待、信访及办理政府文件交换和政协提案、人大议案、建议、批评和意见等外联工作，并在供电公司办公室打字员岗工作。2005年1月17日起，胡某某支援国网某供电公司主办的集体企业某创兴投资发展集团有限公司（以下简称“创兴集团公司”），任该公司财务部会计。2019年4月2日，供电公司认为胡某某已到50周岁，可享受基本养老保险待遇，从而依法终止双方劳动合同。而胡某某认为自己一直从事的是管理岗的工作，与供电公司的劳动合同履行期限应至2024年，于是在双方无法达成共识的情况下，胡某某一纸诉状将供电公司告上法院。

案例场景

1. 突起退休风波

2019年4月2日，胡某某这个时候本应在办公室准备明天开会所需的材料，但是现在，她坐在单位人事主管的办公室里，脑子一片空白，根本没有心思考虑明天的事情了。就在刚刚，人事主管与她谈话，告知她已到50周岁应享受基本养老保险待遇，要终止双方劳动合同。胡某某面对突如其来的退休通知一头雾水，疑惑地问："我一直从事的都是管理岗的工作，我的劳动合同应该到2024年啊！"人事主管解释道："按照我们单位之前发放的《国网××省电力公司关于岗位设置划分报备的函》，全民身份支援集体企业的女职工，按借用前在主业的岗位类别确定退休年龄。您之前从事的是打字员岗，不属于管理岗。"胡某某反驳说："1999年底，我们局启用了办公自动化系统，打字员岗位已经成为空岗了；并且在《某供电局关于岗位岗籍变动规定的通知》中的第一条规定：因工作需要去兼职的人员，其岗籍按所兼职的岗位中的高岗籍执行。我一人兼多岗，其中也有管理岗，我的退休年龄理应按照管理岗的退休要求执行啊！"

在人事主管这里没有得到理想的回应，胡某某思前想后，向单位递交了《关于胡某某预退休审批的异议》，以《××省电力公司关于实行省电力公司机关与各市供电局办公自动化联网运行的通知》为依据，提出打字员岗位已于2002年前撤销。几天以后，胡某某收到了回复，公司的回复中称此种说法与事实不符。省公司在2002年12月12日下发的《关于印发"××省电力企业管理人员岗位划分意见"的通知》中明确规定电力企业行政办公室的专职打字员属非管理岗位。《关于印发××省电力公司供电企业改革劳动用工办法（试行）的调整》和《关于印发某某供电公司专有工种和社会通用工种岗位的通知》两份文件中均有打字员岗。胡某某拿着回复文件犯了愁，这件事该如何解决呢？

2. 初尝失败滋味

胡某某后来也与公司沟通数次，但依然无法达成共识。她无奈地靠在椅子上，无助的情绪越来越强烈。"在管理岗工作了这么长时间，为什么按非管理岗的退休年龄让我退休？"胡某某显然无法接受。在与朋友倾诉苦闷时，朋友提议道："既然协商没有结果，你何不试试用法律手段捍卫自己的权益呢？"胡某某恍然大悟："对啊，我怎么没想到呢！"随后，胡某某立即聘请律师，着手整理相关资料，向××省某人民法院提出诉讼请求：确认胡某某和某供电公司的劳动合同履行期限至2024年11月3日依法终止。

胡某某的理由是：她所处办公室除打字员岗外全是管理岗，由于公司的疏漏，才导致"名存实亡"的打字员岗称谓沿袭多年，所以"没有打字业务的空岗"不能成为界定终止劳动合同的事实依据。最终人民法院经审查认为，胡某某提出的诉讼请求虽然是确认其与国网××省电力有限公司某供电公司劳动合同履行期限至2024年11月3日依法终止，但本案实际争议的焦点是胡某某何时达到法定退休年龄，而胡某某是否达到法定退休年龄应当由行政部门进行审批，故本案不属于法院劳动争议案件受理范围，遂即驳回胡某某的起诉。

3. 不服决定上诉

胡某某拿到法院的通知，不服人民法院民事裁定，提出上诉。××省××市中级人民法院给出民事裁定书，胡某某上诉请求是撤销一审裁定，指令一审法院审理。她认为一审裁定结果与庭审事实不符。所陈述的理由是：

首先，胡某某已连续从事管理工作多年至今。按照规定，在管理岗位工作的，退休年龄为55周岁，即2024年11月3日才能依法终止劳动合同。一审庭审归纳的争议焦点有二：一是胡某某现从事的是管理技术岗还是技术服务岗；二是案涉劳动争议纠纷是否属于法院管辖，是案件审理所必需。首先，胡某某现从事的是主办会计管理岗，有国网某供电公司的人事档案等证据证实。胡某某与国网某供电公司均为劳动合同关系的平等主体，双方的劳动争议符合《中华人民共和国民事诉讼法》第一百一十九条规定的起诉条件。其次，一审裁定认定的争议焦点有失偏颇。一审裁定认为案涉实际争议焦点是胡某某何时达到法定退休年龄，而胡某某是否达到法定退休年龄应当由行政部门审批，此种归纳失准，应纠正。法定退休年龄由法律法规规定，不是行政部门审批。是否达到法定退休年龄应审查劳动内容（工作岗位）而判定，而不是行政部门审批所赋予。最后，一审裁定法律依据不足。一审裁定所引用的《中华人民共和国民事诉讼法》第一百二十四条第一款第三项规定“依照法律规定，应当由其他机关处理的争议，告知原告向有关机关申请解决”，属于法律适用不明，应当释明“依照法律规定”所援引的具体法律规则。

4. 二审尘埃落定

二审法院认为，根据《中华人民共和国民事诉讼法》第一百一十九条的规定，职工涉及退休问题，属于行政管理的范畴，对此产生的争议，不是民事诉讼意义上的劳动者与用人单位之间的劳动争议，不属于人民法院民事案件的受案范围。本案中，胡某某诉请确认其与国网某供电公司劳动合同履行期限至 2024 年 11 月 3 日依法终止，实质是与国网某供电公司因退休时间问题产生的争议，不是民事诉讼法意义上的劳动者与用人单位之间的劳动争议，不属于人民法院民事案件的受案范围。依照《中华人民共和国民事诉讼法》第一百七十条第一款第（一）项、第一百七十一条规定，驳回上诉，维持原裁定。至此，这场退休风波落下帷幕。

分析讨论

1. 分析思路

本案例由胡某某是否达到退休年龄出发，由浅入深，不断发现问题、解决问题，并从中得到感悟、受到启发。案例详细分析思路与步骤如图 2－5 所示。

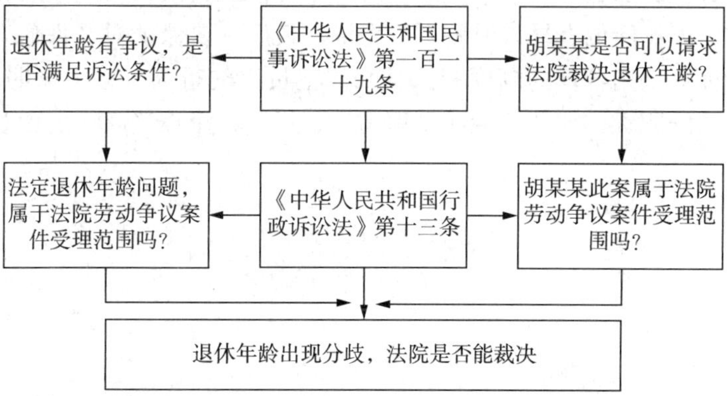

图 2－5　案例详细分析思路与步骤

2. 问题分析

（1）本案被告作出的原告退休决定的具体行政行为是否具有可诉性，人民法院是否应受理？

【分析依据】

《中华人民共和国行政诉讼法》第十三条。

【案例分析】

行政诉讼法对最高人民法院和地方各级人民法院所管辖的一审行政案件作了分工，又规定了管辖权的转移，作为级别管辖的补充。本案不是民事诉讼法意义上的劳动者与用人单位之间的劳动争议，不属于人民法院民事案件的受案范围。胡某某是否达到法定退休年龄应当由行政部门进行审批。

（2）二审法院为什么驳回胡某某的上诉请求？胡某某的上诉请求是否合理？

【分析依据】

《中华人民共和国民事诉讼法》第一百一十九条。

【案例分析】

职工涉及退休问题，应由社会保险行政部门在办理职工退休手续时予以审查，属于行政管理的范畴，带有社会管理的性质。对此产生的争议，不是民事诉讼意义上的劳动者与用人单位之间的劳动争议，不属于人民法院民事案件的受案范围。只有在当事人之间的争议属于民事诉讼的范围时，人民法院才能依法受理；否则，应裁定不予受理或驳回起诉。

管理启示

在本案例中，胡某某退休年龄认定依据模糊的问题，与某供电公司在工作上不严谨、管理出现漏洞是分不开的。如果某供电公司及时根据上级文件撤销打字员岗，给予胡某某明晰的工作岗认定，那么类似纠纷发生的可能性就可以在很大程度上降低。

要杜绝此类争议的发生，企业应该加强管理，从源头上减少此类争议。首先，明确责任分工，避免“一人兼多岗”的现象发生。本案例中，如果在胡某某支援集体企业之前就明确其岗位责任分工，那么在发生争议时，就有据可依。其次，应建立通畅的信息与交流渠道，使员工在对工作岗位有异议时就可以咨询。最后，要保证对文件通知做到及时贯彻落实，留下执行证据，用合理的制度和流程来规范员工的行为，让大家明确各自的职责，知道怎么履行自己的职责，如此才能使管理高效、规范，流程严谨、公正。

第三章　基本医疗与生育保险案例

本章通过对《中华人民共和国社会保险法》中的基本医疗保险和生育保险法律条文的解读，针对国网××省电力有限公司在医疗和生育方面遇到的问题，借助五个真实的案例，使抽象的法律更加生动形象，便于读者更好地理解和应用。通过案例，读者可以学习到：在纠纷未涉及自身时，如何防患于未然；在事情发生在自己身上时，应该如何泰然处之；在自身权益受到侵犯时，应该如何积极维权。阅读本章各案例可以了解到以下几点：

（1）大额补充医疗的征缴时间和职工医疗保险覆盖范围。

（2）基本医疗保险费用如何支付和不纳入基本医疗保险基金支付范围的分类？

（3）基本医疗保险费用如何结算？

（4）基本医疗保险关系转移接续的相关规定。

（5）生育保险参保范围和缴费、生育保险的待遇、生育医疗费的项目以及享受生育津贴的行为。

案例3－1　补充医疗“责任权”不清，是因为“改制”吗？

案例简介：董某是洛阳××制冷有限公司的退休职工。2013 年 6 月 20 日前后，洛阳××制冷有限公司单位办公室人员陈某通知董某缴纳大额补充医疗保险费 96 元，由洛阳××制冷有限公司统一办理退休职工大额补充医疗保险。董某接到通知当天就按要求将钱交到陈某处，以为此后可以享受大额补充医疗保险，就未再过问此事。直到 2014 年 1 月 29 日，董某被诊断为左侧颈眼动脉瘤，住院进行了手术治疗，医疗费共计 149871.17 元。在办理报销手续时，董某才发现公司并没有帮自己办理大额补充医疗保险，所以不能享受大额补充医疗保险报销。

关键词：退休员工；医疗保险报销；补充医疗保险

法律条文

《中华人民共和国社会保险法》

第二十三条　职工应当参加职工基本医疗保险，由用人单位和职工按照国家规定共同缴纳基本医疗保险费。

无雇工的个体工商户、未在用人单位参加职工基本医疗保险的非全日制从业人员以及其他灵活就业人员可以参加职工基本医疗保险，由个人按照国家规定缴纳基本医疗保险费。

案例背景

2013 年 6 月 20 日前后，洛阳××制冷有限公司单位办公室人员陈某通知董某缴纳大额补充医疗保险费 96 元，由洛阳××制冷有限公司统一办理退休职工大额补充医疗保险。董某接到通知当天就按要求将钱交到陈某处，以为此后可以享受大额补充医疗保险，就未再过问此事。直到 2014 年 1 月 29 日，董某被诊断为左侧颈眼动脉瘤，住院进行了手术治疗，医疗费共计 149871. 17 元。在办理报销手续时，董某才发现，自己只能享受 32128. 83 元的职工医保，超出的 117742. 34 元需要自费。董某疑惑起来：自己已经将办理大额补充医疗保险的 96 元费用交给洛阳××制冷有限公司，洛阳××制冷有限公司就应当及时为自己办理。如果因为洛阳××制冷有限公司无故拖延未办，导致自己无法享受大额补充医疗保险报销，则公司应当承担全部的赔偿责任。董某要求：（1）判决洛阳××制冷有限公司赔偿董某医疗费 117742. 34 元；（2）本案诉讼费由洛阳××制冷有限公司承担。

案例场景

1. 引言

董某 1960 年 12 月 15 日出生，企业制改后于 2005 年 12 月 25 日以洛阳××制冷有限公司职工的身份办理了退休手续。已退休的他本以为可以享受愉快的老年生活了，谁知天有不测风云，2014 年 1 月 29 日，董某被诊断为左侧颈眼动脉瘤，住院进行了手术治疗，医疗费共计 149871. 17 元。他心想虽然自己是退休员工，但因为有医疗保险和补充医疗保险，自己只需承担一小部分。可谁知，公司并没有帮其缴纳大额补充医疗保险费，他只能享受 32128. 83 元的职工医保，超出的 117742. 34 元需要自费。面对不低的医疗费用，原本可以享受到的补充医疗待遇落空，他一气之下，决定采取法律手段维护自己的权利。漏缴补充医疗保险的责任到底应由谁承担?

2. 各自佐证

董某提交如下证据：

（1）董某与洛阳××制冷有限公司的工作人员陈某、李某的电话录音，证明董某在 6 月份就缴纳了大额补充医疗保险费 96 元，是洛阳××制冷有限公司拖延办理大额补充医疗保险手续才导致董某不能享受大额补充医疗保险待遇，洛阳××制冷有限公司应承担全部赔偿责任。

（2）职工基本医疗保险证证明董某已享受基本医疗保险的情况。

（3）退休证证明董某于 2005 年 12 月 25 日退休。

（4）保险中（终）断缴费申报表证明董某的基本医疗保险没有中断。

（5）诊断证明书证明董某的疾病为左侧颈眼动脉瘤。

（6）出院证证明董某手术治疗后出院。

（7）医疗费明细表证明董某的用药及治疗费用情况。

（8）医疗费票据证明董某的医疗费为 149871. 17 元，享受了 32128. 83 万元的职工医保，没有享受的大额补充医疗保险数额约 8 万元。

（9）社保部门核算的报销明细表证明大额补充医疗保险可以报销的数额是 39049. 20 元。

（10）《××市人民政府办公室关于调整城镇职工医疗保险政策的通知》和《××市人力资源和社会保障局关于贯彻落实调整城镇职工医疗保险政策的通知》，证明社保部门核算的报销明细表具有相关规定支持。

洛阳××制冷有限公司执证：

（1）洛阳××制冷有限公司是 2004 年企业改制后成立的，全体职工与老企业当时都解除了劳动合同，董某于 2004 年 7 月 31 日领取了解除劳动合同的身份补偿金，至此与企业没有任何关系了。2005 年，在董某多次要求下，洛阳××制冷有限公司帮忙为其办理了退休手续。董某已不是洛阳××制冷有限公司单位的职工，与洛阳××制冷有限公司没有任何关系。

（2）大额补充医疗保险属于商业保险，自愿投保，不具有强制性。董某已经退休近 10 年，洛阳××制冷有限公司没有义务为董某缴纳大额补充医疗保险费，也没有代扣代缴义务。

（3）董某实际是在 2013 年 9 月 16 日向洛阳××制冷有限公司缴纳了 96 元的大额补充医疗保险费，洛阳市社会保险事业管理局文件规定的征缴时间是 2013 年 7 月 1 日至 8 月 31 日，最终导致社保部门拒收保险费，洛阳××制冷有限公司已经将该费用及时退还了董某，该情况董某是明知的。

董某未在规定时间内缴纳大额补充医疗保险费导致无法享受大额补充医疗保险待遇，应当自行承担责任，与洛阳××制冷有限公司没有关系。

（4）大额补充医疗保险是一项补充医保报销制度，实际报销比例在 50% 左右，故董某诉求的赔偿数额不真实不客观。

洛阳××制冷有限公司提交了一份证据：洛阳市人力资源和社会保障局《关于征缴 2013 年度城镇职工大额补充医疗保险费的通知》，证明缴费时间是 2013 年 7 月 1 日至 8 月 31 日。

洛阳××制冷有限公司针对董某提交的证据发表如下质证意见：对证据（1）有异议，陈某根本没有说过董某是 6 月份交的钱，录音经过后期剪辑。

陈某只是帮忙转交，董某交钱的具体时间想不起来。

李某的谈话内容表明董某交钱的时间是在 9 月份。

对证据（2）（3）和（4）的真实性无异议，但与本案无关。

对证据（5）（6）（7）和（8）有异议，与本案无关。

对证据（9）有异议，没有加盖公章。

对证据（10）的真实性无异议，但与本案无关。

董某针对洛阳××制冷有限公司提交的证据发表如下质证意见：对证据的真实性没有异议，但证明办理大额补充医疗保险的义务人是单位而不是职工，凡参加基本医疗保险的必须参加大额补充医疗保险，而不是自愿。

另外，文件表明缴费时间是2013年7月1日至8月31日，董某在6月份就将钱交给了洛阳××制冷有限公司，洛阳××制冷有限公司没有按照规定办理，导致董某无法享受大额补充医疗保险待遇。

经查明，董某原来系国内贸易部洛阳××制冷机械厂的职工，企业改制后于2005年12月25日以洛阳××制冷有限公司职工的身份办理了退休手续。（洛阳××制冷有限公司系洛阳××制冷机械厂更名而来）

2014年1月29日，董某被诊断为左侧颈眼动脉瘤，在河南科技大学第一附属医院新区医院住院治疗。

出院结算时，董某发现没有享受到大额补充医疗保险待遇，于2014年6月5日向洛阳某劳动争议仲裁委员会申请劳动仲裁。另查明，董某的医疗费共计149871.17元。除了基本医疗保险支付了32128.83元外，其余医疗费全部由董某个人承担。

4. 协助调查

在审理中，董某曾申请对医疗费中属于大额补充医疗保险报销范围的数额进行司法鉴定，但该鉴定事项没有鉴定机构受理，导致司法鉴定未能进行。

本院组织双方共同前往洛阳市社保中心进行咨询，社保部门按照董某的医疗费用清单进行了模拟核算，结果是董某可以享受的大额补充医疗保险报销金额为39049.20元，但社保部门拒绝在核算清单上加盖公章。

又查明，2013年7月1日，洛阳市人力资源和社会保障局下发《关于征缴2013年度城镇职工大额补充医疗保险费的通知》，要求凡参加城镇职工基本医疗保险的用人单位和职工均应参加大额补充医疗保险。

随后，董某将96元的参保费用交给陈某，陈某又转交给李某。

董某提交的陈某和李某的录音表明，社保部门是按照2013年6月洛阳××制冷有限公司单位的在册人数核算并整体办理大额补充医疗保险手续的，并不是只办理董某一人。

但由于企业改制的问题，包括董某在内的十余人虽然以洛阳××制冷有限公司职工的名义办理了退休手续，却不在洛阳××制冷有限公司的单位名册内，各项社会保险也未办理退休终断手续，从而导致无法办理大额补充医疗保险。

《中华人民共和国社会保险法》第二十三条规定：职工应当参加职工基本医疗保险，由用人单位和职工按照国家规定共同缴纳基本医疗保险费。无雇工的个体工商户、未在用人单位参加职工基本医疗保险的非全日制从业人员以及其他灵活就业人员可以参加职工基本医疗保险，由个人按照国家规定缴纳基本医疗保险费。

洛阳××制冷有限公司随后向社保部门申报了董某等退休人员的养老保险、失业保险、工伤保险和生育医疗保险的终断缴费手续，2013年9月18日社保部门办理完毕。

洛阳××制冷有限公司再次办理大额补充医疗保险手续时，因已经超过了规定最后缴费期限2013年8月31日而未能办理完成。

4. 水落石出

洛阳××制冷有限公司辩称陈某和李某的录音经过剪辑是虚假的没有任何依据，该录音可以作为本案认定事实的参考依据。

《关于征缴2013年度城镇职工大额补充医疗保险费的通知》是2013年7月1日才发布，董某和陈某确认的2013年6月支付，明显有悖常理。

从录音可知，导致董某大额补充医疗保险未能办理的实质原因涉及诸多因素，诸如董某因洛阳××制冷机械厂改制从洛阳××制冷有限公司退休，但并不在洛阳××制冷有限公司的单位名册，且还涉及其他人员，社保部门又是整体办理。

另外，包括董某在内的数人在退休后应当终断的相关社保手续一直都未妥善办理，直到2013年第一次办理大额补充医疗保险时才发现，而社保部门又直到2013年9月18日才办理完毕。

上述种种因素都是因早期企业改制中职工安置管理不规范和不完善等一系列历史客观原因造成的，故洛阳××制冷有限公司对此均无主观过错，也无法预料到随后就发生了董某因病住院而未能享受大额补充医疗保险待遇的情况。

如果由洛阳××制冷有限公司任何一方单独承担全部损失均有违公平原则，故本院酌定由洛阳××制冷有限公司承担70%，董某自己承担30%。

虽然大额补充医疗保险属于商业保险，但洛阳市人力资源和社会保障局《关于征缴2013年度城镇职工大额补充医疗保险费的通知》中明确要求凡参加城镇职工基本医疗保险的用人单位和职工均应参加大额补充医疗保险，故洛阳××制冷有限公司认为其不具有强制性，缺乏客观性。

虽然大额补充医疗保险的待遇损失无法进行司法鉴定，核算清单上又没有社保部门的公章，但鉴于核算清单是社保部门帮助核算后出具的，洛阳××制冷有限公司也共同参与了核算，该核算数据具有公正性和客观性，故其核算结果39049.20元可以作为本案损失确定的参考依据。

5. 尾声

依据《中华人民共和国侵权责任法》第二十四条、最高人民法院《关于审理劳动争议案件适用法律若干问题的解释（二）》第 条的规定，判决如下：

（1）洛阳××制冷有限公司赔偿董某大额补充医疗保险待遇损失27334.44（39049.20×70%）元。

（2）以上给付限本判决生效后七日内履行完毕。

（3）驳回董某的其他诉讼请求。

分析讨论

1. 分析思路

在本案例中，董某从退休到2014年1月29日，因被诊断为左侧颈眼动脉瘤住院进行手术治疗而产生大量的医疗费用后，才发现公司并没有帮其缴纳大额补充医疗保险费，并由此产生一系列纠纷。案例分析的逻辑路径如图3－1所示。

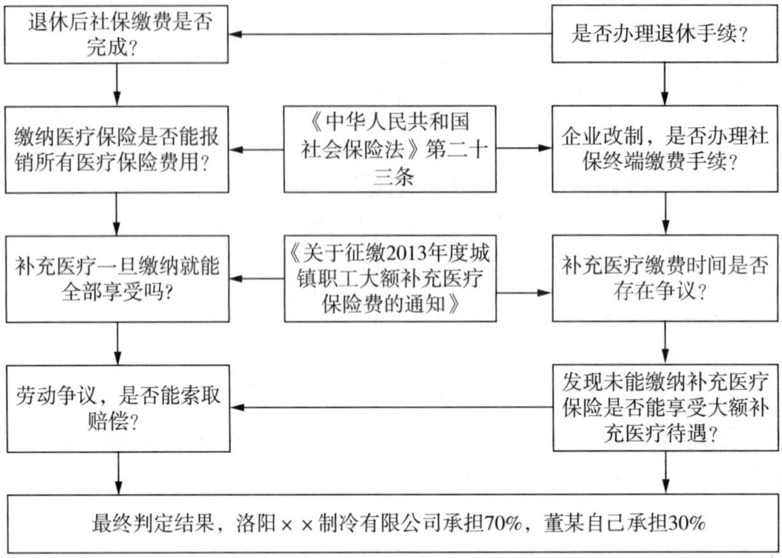

图 3－1　案例分析思路与步骤

2. **问题分析**

（1）案例中，董某的补充医疗保险费用最终如何报销？

【分析依据】

《中华人民共和国社会保险法》第二十三条，《关于征缴 2013 年度城镇职工大额补充医疗保险费的通知》。

【案例分析】

在本案例中，董某因为是早年退休，根据《中华人民共和国社会保险法》第二十三条，洛阳××制冷有限公司未能及时向社保部门申报董某等退休人员的养老保险、失业保险、工伤保险和生育医疗保险的社保终断缴费手续，导致董某的大额补充医疗保险不能享受。因为企业早期改制和职工安置管理不规范和不完善等一系列历史客观原因，导致大额补充医疗保险缴纳产生一系列的纠纷。其中，董某和洛阳××制冷有限公司均有责任，故酌定董某可享受的 39049.20 元大额补充医疗保险金额，由洛阳××制冷有限公司承担 70%，董某自己承担 30%。

（2）在本案例中，企业职工是否都应当参加补充医疗？

【分析依据】

《关于征缴 2013 年度城镇职工大额补充医疗保险费的通知》。

【案例分析】

补充医疗保险是相对于基本医疗保险而言的，包括企业补充医疗保险、商业医疗保险、社会互助和社区医疗保险等多种形式，是基本医疗保险的有力补充，也是多层次医疗保障体系的重要组成部分。与基本医疗保险不同，补充医疗保险不是通过国家立法强制实施的，而是由用人单位和个人自愿参加的，是在单位和职工参加统一的基本医疗保险后，由单位或个人根据需求和可能原则适当增加医疗保险项目来提高保险保障水平的一种补充性保险。在本案例中，虽然大额补充医疗保险属于商业保险，但洛阳市人力资源和社会保障局《关于征缴2013年度城镇职工大额补充医疗保险费的通知》中明确要求，凡参加城镇职工基本医疗保险的用人单位和职工，均应参加大额补充医疗保险。

管理启示

在法律知识普及的今天，对于企业来说，要明确自身责任，参加职工基本医疗保险是强制性的，企业也必须为其缴纳基本医疗保险费用，并且补充医疗保险需根据当地的法律规定来办理。对于因企业管理不规范和不完善等一系列历史客观原因造成的错误，企业应该及时改正，而不能靠拖延了事。企业员工也要从自身利益角度出发，尤其是离退休人员，要加强对社会保险的了解，还要学会以法律手段保护自身的合法权益，特别是对"责任权"的归结问题，要努力找到解决方法和证据，维护自身的权益不受侵犯，使企业具有一定的危机感和紧迫感。无论是哪个年龄段的员工，都要强化对基本社会保险法律知识的了解，对相关条文进行学习，明确自己的权益。

附　件

《关于征缴2013年度城镇职工大额补充医疗保险费的通知》：凡参加城镇职工基本医疗保险的用人单位和职工，均应参加大额补充医疗保险。缴费标准为每人每年96元，年度内最高支付限额可达40万元；大额补充医疗保险的赔付范围与基本医疗保险统筹基金的支付范围一致；大额补充医疗保险结算年度与基本医疗保险结算年度一致。

案例3－2　酒驾自伤，医疗费用谁来承担？

案例简介：劳动纠纷是指劳动者与所在单位之间因劳动关系中的权利义务而发生的纠纷。基本的社会保险是员工最基本的保障，责任归结则是劳动者与所在单位最容易激发矛盾的地方。在本案例中，孙某与××省某电力公司仅以口头形式约定是雇佣关系，但是孙某酒驾出现交通事故那天恰好是双方口头约定不去上班的第二天。原公司并没有和孙某签订劳动合同，也没有帮其购买医疗保险。因此，孙某享受不了医疗保险待遇。孙某向法院上诉请求公司补偿医疗费，法院根据《中华人民共和国社会保险法》第二十八条和第三十条以及《关于印发××省基本医疗保险诊疗项目和医疗服务设施范围及支付标准（修订版）的通知》相关规定，明确基本医疗保险统筹基金不予支付费用的诊疗服务项目包括"因犯罪、打架、斗殴、酗酒、吸毒、蓄意违章、交通事故、医疗事故和违反法律、法规规定的其他情形所发生的医疗费用"，最终判决公司不对孙某进行赔偿。

关键词：劳动纠纷；社会保险的缴纳；医保报销标准；报销范围核定

法律条文

《中华人民共和国社会保险法》

第二十八条　符合基本医疗保险药品目录、诊疗项目、医疗服务设施标准以及急诊、抢救的医疗费用，按照国家规定从基本医疗保险基金中支付。

第三十条　下列医疗费用不纳入基本医疗保险基金支付范围：

（一）应当从工伤保险基金中支付的；

（二）应当由第三人负担的；

（三）应当由公共卫生负担的；

（四）在境外就医的。

医疗费用依法应当由第三人负担，第三人不支付或者无法确定第三人的，由基本医疗保险基金先行支付。基本医疗保险基金先行支付后，有权向第三人追偿。

案例背景

2016 年 7 月，孙某开始在××省某电力公司以临时工的身份工作，××省某电力公司没有为其缴纳基本医疗保险。孙某与××省某电力公司仅以口头的形式约定是雇佣关系。双方口头约定 2017 年 1 月 15 日起不去上班。2017 年 1 月 16 日，孙某酒后骑车回家途中发生交通事故受伤，与肇事方沈某各负事故同等责任。经过民事判决书判决中国平安财产保险股份有限公司某支公司共赔偿 230323. 38 元，其中支付孙某 223164. 59 元，支付沈某 7158. 79 元。

交通事故后产生医疗费 448487. 98 元，其中肇事方沈某承担 229243. 99 元，孙某承担 219243. 99 元。因为原公司并没有和孙某签订劳动合同，所以孙某享受不到医疗保险待遇，孙某要求××省某电力公司给予补偿，并支付其承担的医疗费 219243. 99 元。

案例场景

1. 引言

面对高昂的治疗费用，心有不甘的孙某决定用法律武器来维护自己认为应得的权利。判决结果到底如何呢？这高额医疗费用由谁承担呢？

2. 天降横祸

2017 年 1 月 16 日 18 时 45 分许，孙某酒后微醺，因为饮酒处离家较近，于是孙某抱着侥幸心理醉酒后驾驶未经注册登记的二轮摩托车回家，没料到左转时，与沈某驾驶的苏 B×××××小型普通汽车相撞，造成孙某受伤、两车损坏的交通事故。交警部门认定孙某、沈某分别承担事故同等责任。

3. 雪上加霜

2016 年 7 月，孙某开始在××省某电力公司以临时工的身份工作，但××省某电力公司没有为其缴纳基本医疗保险。

根据《社会保险费征缴暂行条例》与《中华人民共和国社会保险法》第三十条的规定，××省某电力公司应当为其缴纳基本医疗保险，否则应当承担支付相应医疗费的责任。

××省某电力公司辩称：孙某与其不存在劳动关系，其没有为孙某缴纳社保的义务。即使其为孙某缴纳了社保，根据《中华人民共和国社会保险法》第三十条（一）规定，孙某的情况应当从工伤保险基金中支付。由于孙某在交通事故中存在醉酒行为而不能认定工伤，所以无法获得医疗保险待遇，并且与其没有为孙某缴纳社保之间不存在因果关系，其无须承担孙某的医疗费。

经查明认定事实如下：孙某原在××省某电力公司工作，平时工作由××省某电力公司管理生产的陈某安排，××省某电力公司未为孙某缴纳社保。

双方口头约定 2017 年 1 月 15 日起孙某不去××省某电力公司处上班。

4. 纠纷重重

2017 年 1 月 16 日 18 时 45 分许，孙某、沈某相撞发生交通事故，且认定两人分别承担事故同等责任。

孙某因事故造成创伤性失血性休克、右侧肋骨骨折伴血胸、右肺挫伤、脾破裂、腹腔积液、胃穿孔、右侧膈疝、右下肢毁损伴感染、骨盆多发骨折等伤病，事故当天在某市第二人民医院门诊抢救，产生费用为 2158. 79 元，该款由沈某支付。

事故次日至同年 5 月 25 日，孙某在某市人民医院住院治疗，共花费住院医疗费 418245. 98 元，同时，在住院治疗期间，孙某购买人血白蛋白、卡文、立适康短肽营养粉等费用合计 30242 元。

后孙某将沈某、中国平安财产保险股份有限公司某支公司诉至市人民法院，判决中国平安财产保险股份有限公司某中心支公司赔偿 230323. 38 元，其中支付孙某 223164. 59 元，支付沈某 7158. 79 元。

以上事实，由仲裁裁决书、民事判决书、道路交通事故认定书、出院记录、入院记录、医疗费发票、用药清单及法院的庭审笔录在卷佐证。

5. 法不容情

根据《中华人民共和国社会保险法》第二十八条、第三十条规定可得出，基本医疗保险基金支付的医疗费用，应符合上述第二十八条有关药品目录、诊疗项目等规定，但排除上述第三十条不纳入医疗保险基金支付范围的医疗费用。

各省可根据国家基本医疗保险诊疗项目范围的规定制定基本医疗保险诊疗项目目录，对于国家基本医疗保险诊疗项目范围规定的医疗保险不予支付费用的诊疗项目，可适当增补。

对此，×劳社医〔2009〕5 号文规定了《关于印发××省基本医疗保险诊疗项目和医疗服务设施范围及支付标准（修订版）的通知》文件中，明确了基本医疗保险统筹基金不予支付费用的诊疗服务项目包括“因犯罪、打架、斗殴、酗酒、吸毒、蓄意违章、交通事故、医疗事故和违反法律、法规规定的其他情形所发生的医疗费用”；×劳社医〔2009〕49 号文也规定了相同的内容，系对《中华人民共和国社会保险法》第二十八条规定的细化和补充，尽管《中华人民共和国社会保险法》的颁布在上述文件发布之后，但文件内容与《中华人民共和国社会保险法》的相关规定并不冲突，至今未予废止，应为有效并作运用。

孙某醉酒驾驶机动车发生交通事故，属于×劳社医〔2009〕5 号、×劳社医〔2009〕

49 号文规定的不予支付项目的情形，即便××省某电力公司为孙某缴纳医疗保险亦不应得到赔偿，现对孙某要求××省某电力公司支付医疗费损失，不予支持。

6. 尾声

依照《中华人民共和国社会保险法》第二十八条、第七十二条规定，判决如下：驳回孙某的诉讼请求，公司不对孙某做赔偿。

分析讨论

1. 分析思路

在本案例中，孙某以临时工的身份在电力公司工作，仅以口头形式与××省某电力公司维持雇佣关系，直到口头承诺“不上班”的第二天，孙某酒驾与沈某出现交通事故住院，被判定为双方责任，经过判定双方只能报销一部分。因为原公司并没有和孙某签订劳动合同，导致孙某享受不了医疗保险的权利，孙某要求××省某电力公司给予补偿，由此发生一系列纠纷。案例梳理分析的逻辑路径如图 3－2 所示。

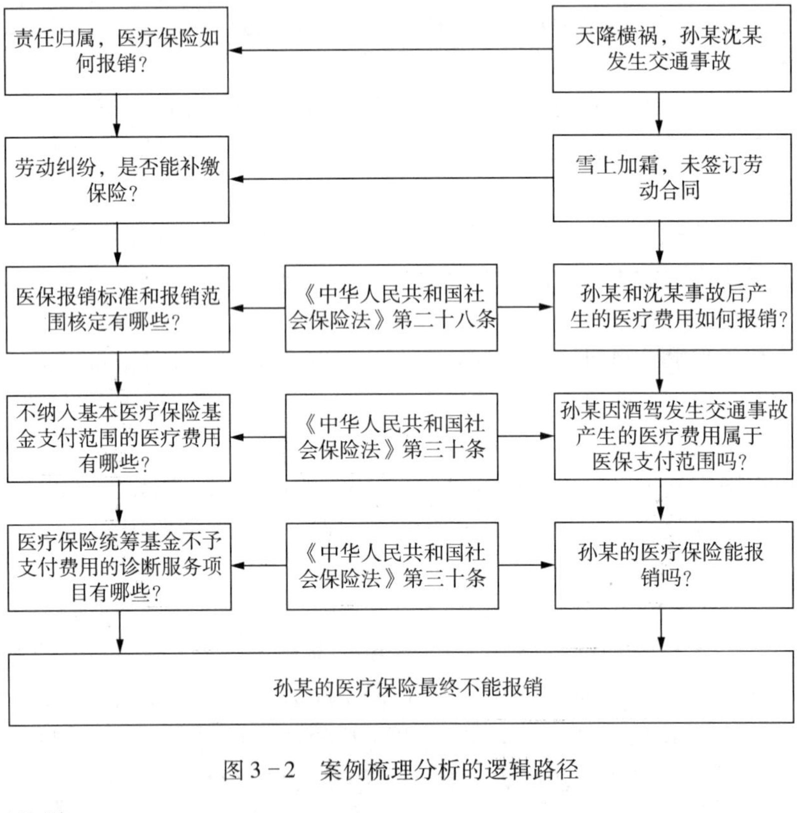

图 3－2　案例梳理分析的逻辑路径

2. 问题分析

（1）案例中，孙某医疗保险费用属于医疗保险基金支付范围吗？不纳入基本医疗保险基金支付的项目范围包括哪几类？

【分析依据】

《中华人民共和国社会保险法》第二十八条、第三十条。

【案例分析】

孙某车祸后医疗费用本应当从工伤保险基金中支付，但由于是自身酗酒产生的交通事故，所以不能认定为工伤保险。根据《中华人民共和国社会保险法》第二十八条、第三十条可得出，基本医疗保险基金支付的医疗费用，应符合上述第二十八条有关药品目录、诊疗项目等规定，但排除上述第三十条不纳入医疗保险基金支付范围的医疗费用。

其中，不纳入基本医疗保险基金支付范围的医疗费用主要有四类：应当从工伤保险基金中支付的；应当由第三人负担的；应当由公共卫生负担的；在境外就医的，所以孙某医疗保险费用不属于医疗保险基金支付范围。

（2）案例中，孙某的医疗费用公司报销了吗？为什么？

【分析依据】

文件《关于印发××省基本医疗保险诊疗项目和医疗服务设施范围及支付标准（修订版）的通知》。

【案例分析】

在本案例中，孙某以临时工的身份在电力公司工作，仅以口头形式与××省某电力公司维持雇佣关系，直到口头承诺“不上班”的第二天，孙某酒驾与沈某出现交通事故，被判定为双方责任。根据《关于印发××省基本医疗保险诊疗项目和医疗服务设施范围及支付标准（修订版）的通知》，明确基本医疗保险统筹基金不予支付费用的诊疗服务项目包括“因犯罪、打架、斗殴、酗酒、吸毒、蓄意违章、交通事故、医疗事故和违反法律、法规规定的其他情形所发生的医疗费用”，而孙某交通事故产生的医疗保险费用属于自身酗酒导致，所以不予支付。

管理启示

当今时代，广大员工已经意识到提高自身素质，依靠法律、法规维护自身权益的重要性，迫切需要进行基本社会保险法律知识的普及，对相关条文进行学习。员工个人应减少后续因对法律条款的不明确、对自身责任的不清楚而导致与第三方产生纠纷的可能性，明确医疗保险待遇标准、支付标准和支付医疗保险的范围。

公司和管理人员需要明白，在用工过程中充分保护员工权益是最重要的，所以要正确处理与员工之间关系，预防、避免劳动纠纷出现。首先，需要从企业文化方面真正重视员工，创造平等的用工环境；其次，要从管理上加强用工管理，完善员工入职、培训、绩效、奖惩、辞退等工作流程；最后，强化企业用工法律风险控制体系，从制度上、合同上明确劳资双方的权利义务，尽可能降低劳动纠纷风险。

同时，对于员工自身而言，要切记生命是自己的，外出时要拒绝酒驾、严守交规、安全出行，不要抱有侥幸心理。

案例3－3 “差额”医疗费究竟该由谁承担？

案例简介：一个月前，徐某在某电力有限公司上班时，突发头痛，“啊”的一声，应声倒地，众人赶忙把徐某送到医院。就医后，医生诊断为脑出血，须住院治疗。出院后，徐某却被公司解除劳动合同了。当徐某拿着医疗单据去报销医疗费用时，得知有部分医疗费用不能报销。听了工作人员的解释后，徐某欲找公司相关负责人沟通，但负责人以徐某已经被解雇，与公司没有任何关系为由让徐某离开。于是，徐某向法院提请诉讼。

关键词：职工基本医疗保险；缴费范围；结算制度

法律条文

《中华人民共和国社会保险法》

第二十三条　职工应当参加职工基本医疗保险，由用人单位和职工按照国家规定共同缴纳基本医疗保险费。

无雇工的个体工商户、未在用人单位参加职工基本医疗保险的非全日制从业人员以及其他灵活就业人员可以参加职工基本医疗保险，由个人按照国家规定缴纳基本医疗保险费。

第二十九条　参保人员医疗费用中应当由基本医疗保险基金支付的部分，由社会保险经办机构与医疗机构、药品经营单位直接结算。

社会保险行政部门和卫生行政部门应当建立异地就医医疗费用结算制度，方便参保人员享受基本医疗保险待遇。

案例背景

徐某，男，自2007年10月3日开始在某电力有限公司工作，并于2015年8月2日与公司签订一份《劳动合同书》，合同书上的有效期限为2015年8月2日至2018年8月1日。徐某在2017年3月15日上班期间突感头痛，当天下午就医后被诊断为脑出血，需住院治疗。8天后徐某出院，居家休养10多天后打算回公司上班。

案例场景

1. 引言

2017年4月5日，刚刚经历了住院治疗的徐某大病初愈，满怀兴奋地来到公司准备上班。刚到公司，电话铃声响起，“老徐啊，麻烦你到我办公室来一下，有些事情想和你聊一下。”人事主管说道。徐某应道：“好的，我这就来。”徐某虽然心里有些嘀咕，但没有多想就去了人事主管的办公室。人事主管先是关心地了解了徐某的身体状况，得知已经治愈出院后，转达了公司领导对他的关心；而后婉转地表达了公司认为徐某年事已高，并且刚刚大病初愈，希望他安心地在家养身体，不用再来上班了。徐某听后，不可置信地说："你要跟我解除劳动合同？"人事主管说道："老徐啊，你看看，你也这么大年龄了，该好好养身体了。"徐某还想争辩什么，转念一想，自己的身体确实需要养一养，有段时间可以休息一下也好。徐某一言不发地离开办公室，收拾好东西，失落地离开了公司。路上突然想起包里的医疗费用单据，徐某想：虽然不干了，但是该要的钱还是得要回来。徐某连忙打车去了社保机构，准备报销医疗费用，却得知，因公司未为其缴纳医疗保险，导致有部分费用不能报销。

2. 劳动关系起止时间到底谁说了算

"你看看，这是我们之前签订的合同书，有效期限为2015年8月2日至2018年8月1日。2015年8月2日至2017年3月15日我一直在公司工作，直到我晕倒被送去医院治疗，身体还没好利索我就来公司准备上班了。"徐某愤怒的声音从人事主管的办公室里传出来。

人事主管说道："老徐，3月15日后你确实是生病了，可是你也确实没向公司请假呀。按照公司的规章制度，凡是不能在公司工作的，需要提供证据，填写请假单，否则一律按旷工处理，所以你这算旷工。"

徐某听到这话，更是气不打一处来，"我确实在此期间没有上班，但是，我身体生病了是我能控制的吗？"人事主管说道："哎呀，老徐啊，你较这个真干什么，你都一把年纪了，反正也打算好好休养一下，劳动关系什么时候结束不都一样嘛。"徐某反问："怎么就一样了？按照当时签订的合同书，我是可以一直工作到2018年8月1日的。"徐某与人事主管僵持了半天，问题还是没有解决，一气之下将公司告上了法院。

3. "差额"医疗费该由谁负责

转眼来到了开庭的日子，法庭上徐某拿出当时和公司签订的《劳动合同书》，对法官说："这是当时我和公司签订的合同书，上面明确地写了合同有效期是2015年8月2日至2018年8月1日。自2017年3月15日我生病后，公司就与我解除了劳动合同，而且公司以其规章制度为由，认定我在公司的劳动关系就到我生病时的3月15日，我认为这很不公平。我是4月5日来公司报道才得知公司要和我解除劳动合同的，所以再怎么算，我也是4月5日终止的劳动关系。

律师接着说："通过查询社保机构的相关信息得知，我的当事人徐某自入职某电力有限公司工作至离职前这段时间，公司一直未为其购买企业职工医疗保险。根据《中华人民共和国社会保险法》第二十三条和第二十九条的规定，我的当事人徐某在与××电力有限公司劳动关系存续期间因疾病住院治疗产生的医疗费用依法有享受按职工医疗保险的比例进行报销的权利。"

法官让被告某电力有限公司对此进行陈述。被告说："我们公司确实没有为原告缴纳社会保险。原告来公司时，就社保问题和他说过，不缴纳社会保险是可以增加工资的，他当时也没有反对，所以社保的费用我们已经发给他了。"徐某的律师反驳道："根据我刚刚提到的《社会保险法》的相关规定，公司必须为员工缴纳社会保险，不能以任何方式拒绝为员工缴纳社会保险。所以，被告已经触犯了法律。”停顿了一下，律师拿起一份材料继续对法官说：“这是××县社会保险基金管理局出具的《关于核算医疗费用报销情况的复函》，该复函证实，徐某本人购买了城乡居民医疗保险，2017 年 3 月 15 日至 23 日因病住院治疗产生的两次医疗费共计 14684.46 元，已通过居民医疗保险报销医疗费金额共计 5227.44 元。如果徐某参加职工医疗保险，则两次住院的基本医疗报销金额应为 6860.41 元，两者报销差额为 1632.97 元，所以徐某本应享受职工医疗保险报销金额为 6860.41 元。但因为被告某电力有限公司未为其购买医疗保险，所以只能按照城镇居民医疗保险的比例报销，致使我的当事人多支付医疗费 1632.97 元。这一部分的费用需要由被告承担。”法官听后，看向被告，被告律师说：“对此我们没有异议。”法官在看了相关的材料后，询问双方是否还有要补充的，双方都表示没有需要再进行补充的，法官宣布：“现在休庭，30 分钟后开庭。”

4. 尾声

经过法院依据相关法律条文的审理，最终确认徐某与某电力有限公司在 2007 年 10 月 3 日至 2017 年 4 月 5 日期间双方存在劳动合同关系。双方劳动合同关系的解除为 2017 年 4 月 5 日，由用人单位提出，最终经过双方协商一致，同意解除劳动关系。因为某电力有限公司没有为徐某缴纳社会保险，导致徐某的医疗费用不能享受社保医保待遇，鉴于徐某已经通过购买城乡居民医疗保险报销了一部分医疗费用，所以该公司补偿徐某报销医疗费用差额 1632.97 元；同时，根据《中华人民共和国劳动合同法》第四十六条“有下列情形之一的，用人单位应当向劳动者支付经济补偿……（二）用人单位依照本法第三十六条规定向劳动者提出解除劳动合同并与劳动者协商一致解除劳动合同”的规定，某电力有限公司作为用人单位应向作为劳动者的徐某支付经济补偿。根据《中华人民共和国劳动合同法》第四十七条“经济补偿按劳动者在本单位工作的年限，每满一年支付一个月工资的标准向劳动者支付。六个月以上不满一年的，按一年计算；不满六个月的，向劳动者支付半个月工资的经济补偿……本条所称月工资是指劳动者在劳动合同解除或者终止前十二个月的平均工资”的规定，徐某工作 9 年 5 个月，但因双方均未能真实反映徐某离职前十二个月的实际平均工资，根据公平原则，某电力有限公司应支付给徐某的经济补偿金为 41325 元。

自判决生效后，某电力有限公司就将“差额”的医疗费用以及经济补偿金一次性都支付给徐某。

分析讨论

1. 分析思路

徐某自 2007 年 10 月 3 日开始在某电力公司工作，并于 2015 年 8 月 2 日与公司签订了一份《劳动合同书》，有效期限为 2015 年 8 月 2 日至 2018 年 8 月 1 日。徐某在 2017 年 3 月 15 日上班期间突感头痛就医，直至 2017 年 4 月 5 日回公司报到，但公司却要与徐某解约。同时，因公司违反《中华人民共和国社会保险法》的规定，没有为徐某缴纳基本医疗保险，所以公司须支付徐某除城乡居民医疗保险报销费用之外的医疗报销费用，并且须支付徐某经济补偿金。案例梳理分析的逻辑路径如图3-3所示。

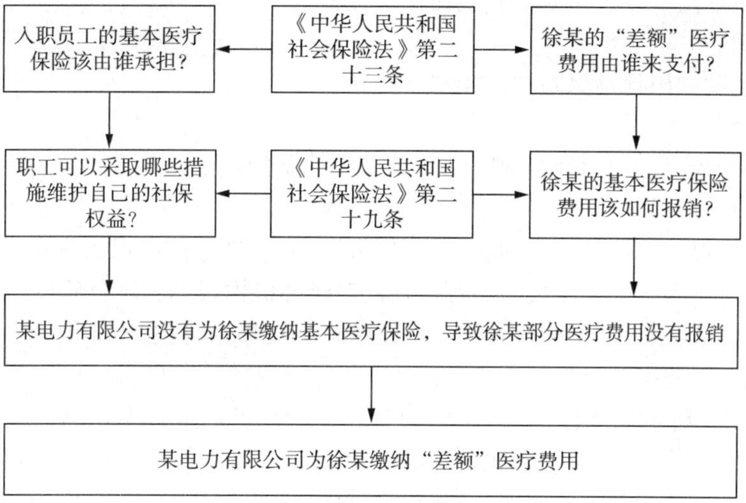

图3-3 案例梳理分析的逻辑路径

2. 问题分析

（1）本案例中，徐某的“差额”医疗费该由谁支付？为什么？

【分析依据】

《中华人民共和国社会保险法》第二十三条。

【案例分析】

根据《中华人民共和国社会保险法》第二十三条的规定，职工应当参加职工基本医疗保险，由用人单位和职工按照国家规定共同缴纳基本医疗保险费。本案例中，徐某的“差额”医疗费该由某电力有限公司支付。

经过核查得知，该电力有限公司于2006年7月6日登记成立，工商行政管理局登记的类型为有限责任公司，符合法定用人单位的主体要求。同时，徐某自2007年10月进入公司工作以来，在任职期间一直接受公司的培训和管理，按照公司的工作安排进行工作，接受公司每月发放的劳动报酬，公司还为徐某制作了工牌，并发放给徐某，劳动关系事实清楚。此外，徐某于2015年8月2日与公司签订了一份《劳动合同书》，有效期限为2015年8月2日至2018年8月1日。徐某在2017年3月15日上班期间突感头痛，经诊断后为脑出血，经过8天的治疗，病情好转出院。经过几天的静养，徐某在2017年4月5日去公司报到，准备上班，但此时却被告知公司欲将其解雇。根据《中华人民共和国劳动合同法》第七条的规定，用人单位自用工之日起即与劳动者建立了劳动关系，用人单位应当建立职工名册备查，其第四十二条第三款的规定，劳动者患病或者非因工伤负伤，在规定的医疗期内的，用人单位不得解除劳动合同。所以，确认徐某与某电力有限公司在2007年10月3日至2017年4月5日期间双方存在劳动合同关系。在此期间，公司应该按照《中华人民共和国社会保险法》的相关规定为徐某缴纳社会保险。

此外，徐某除了城乡居民医疗保险报销的部分费用之外多出的医疗报销费用，是因为公司未给徐某缴纳基本医疗保险才导致的利益受损部分，因此公司要为这个“差额”医疗费买单。

（2）基本医疗保险费用该如何结算？

【分析依据】

《中华人民共和国社会保险法》第二十九条。

【案例分析】

根据《中华人民共和国社会保险法》第二十九条的规定，参保人员医疗费用中应当由基本医疗保险基金支付的部分，由社会保险经办机构与医疗机构、药品经营单位直接结算。这里的“直接结算”改变了过去繁杂的结算方式，即之前参保人员先行支付所有的医疗费用，之后再将应该由医保报销的费用到社保经办机构报销，不仅程序复杂，而且没有切实为参保人员减轻负担和经济压力。经过修改，直接结算的方式极大地方便了参保人员，真正做到利民便民。

“社会保险行政部门和卫生行政部门应当建立异地就医医疗费用结算制度，方便参保人员享受基本医疗保险待遇。”这里的“异地就医”是指参加基本医疗保险的人员在自己所在的统筹地区以外的中国境内地区就医。就目前的实施情况而言，该条款多是发生在职工退休后异地居住的情况。除此以外，最常见的情况是参保人员短期出差、学习培训或者度假等期间，在异地发生疾病并就地紧急诊治发生的医疗费用，一般是由参保地按照参保地规定进行报销。此条款明确要求社会保险行政部门和卫生行政部门应当建立异地就医报销医疗费用的结算制度，从而极大地方便了参保人员享受基本医疗保险待遇。因此，在保证公司按照《中华人民共和国社会保险法》相关规定按时足额为员工缴纳基本医疗保险的前提下，医疗费用的报销由社会保险经办机构与医疗机构、药品经营单位直接结算，不需要员工为报销医疗费用到处奔波。

管理启示

首先，企业要明确自身责任，对于有用人单位的职工来说，参加职工基本医疗保险是强制性的，企业也必须为其缴纳基本医疗保险的费用。跨地区或者生产流动性大的企业可以相对集中的方式异地参加统筹地区的基本医疗保险。员工也需要明确，基本医疗保险费用由用人单位和职工双方共同负担。

其次，根据《中华人民共和国社会保险法》第二十九条的规定，参保人员就医时只需要支付个人应承担的医疗费，免除先行垫付的负担。需要由基本医疗保险基金支付的，归社会保险经办机构与医疗机构的管理范畴。因此，企业一定要及时为员工办理基本医疗保险，否则后续因未给员工办理基本医疗保险或者超出期限办理产生的员工利益受损费用将由企业承担。

最后，企业要按时足额为员工办理社会保险，不断打造吸引人的生活保障氛围，营造良好的企业文化。员工没有了后顾之忧，就会尽心尽力地为企业发展贡献自己的力量；企业轻松和谐的氛围和优秀的企业文化，为吸引更多的人才打下坚实的基础，企业就能得以长远发展。

案例3－4　基本医疗保险关系该何去何从?

案例简介：侯某自从进入A供电公司财务处工作后，一直勤勤恳恳，谨慎仔细，知道干财务的就是捧着细致的“饭碗”。终于，侯某因认真工作被领导看中，升职为B供电公司财务经理。侯某想，照这样干到退休就圆满了。然而天不遂人愿，一次工作中的失误为公司带来损失的同时，侯某也被××省电力公司口头免职，B供电公司念及旧情，没有作出解除劳动关系的书面通知。侯某因为受到打击也没有按照通知回到总公司报到。等到侯某又找到合适的工作要办理入职手续时，才发现自己的基本医疗保险关系竟然不在B供电公司，公司竟然也不打算为他解决这个问题，侯某一气之下将B供电公司告上法庭。侯某的基本医疗保险关系该何去何从？B供电公司应该承担怎样的责任？

关键词：基本医疗保险；关系转移；经济补偿金

法律条文

《中华人民共和国社会保险法》

第三十二条　个人跨统筹地区就业的，其基本医疗保险关系随本人转移，缴费年限累计计算。

案例背景

侯某，男，于1993年10月19日进入A供电公司财务处工作。2011年2月10日，××省电力公司任命侯某为B供电公司财务经理。2017年9月12日，××省电力公司免去了侯某B供电公司财务经理的职务，并口头通知其免职后回××省电力公司报到。侯某既没有回××省电力公司报到，也没有在B供电公司继续工作；同时，B供电公司也没有向侯某发出解除劳动关系的书面通知。A供电公司、B供电公司以及××省电力公司都是独立法人，并且侯某在B供电公司工作期间没有与用人单位签订劳动合同。

案例场景

1. 引言

“经公司会议讨论决定，免除侯某在B供电公司财务经理的职务，要求侯某在接到通知后回××省电力公司报到……”昨天××省电力公司的人力资源部经理在公司大会上公布了公司对侯某处理意见的决定，这个决定让侯某想在公司顺利工作到退休的梦想破灭了。侯某承认，前段时间因为自己在工作上的失误，给公司造成了不小的损失，公司领导处罚他，他没有怨言，可是怎么就会是被免职呢？侯某不明白，便在会后私下找到××省电力公司的人力资源部经理询问详细的情况：“孙经理，我这个工作失误不至于被免职吧？”孙经理无奈地和侯某说："没办法，具体情况我也不清楚，这是公司领导的决定，我也无能为力。"说完，孙经理摇了摇头，和其他人一起走了。

侯某悻悻地回到自己的办公室，心想：自己一直勤恳工作，也为公司做了许多工作，怎么一次失误竟然给自己带来被免职的后果？想到这，侯某拿起电话想和B供电公司的领导争辩一番。但刚要拨通又停住了，转念一想：命令已经下来了，想撤销是不可能的，又何必自讨没趣！这么多年来自己一心扑在工作上，忽视了亲情，不如趁这个机会换一个工作环境，正好可以多一点时间陪陪家人。侯某想明白以后，放下电话，收拾好东西，订好票，带着家人出去旅游了，而没有按照要求回××省公司报到。旅游回来后，在朋友的介绍下，侯某很快找到了一个合适的工作。在办理入职手续时，新公司要求侯某把社保关系转过来。于是，侯某来到B供电公司，要求转移自己的社保关系。但B供电公司负责人的回复却让侯某怒火攻心，遂将B供电公司告上法庭。

2. 努力奋斗，梦想实现

侯某和大多数年轻人一样为着梦想不断努力，想在毕业后带着一腔热血实现自己的人生价值，最终凭借着优秀的成绩在1993年10月19日进入A供电公司财务处工作。刚进公司时，人事主管就和他详细说明了公司的待遇："小侯啊，工资水平虽然不是很高，但是咱们公司的福利待遇是挺好的，各类社会保险一样不少，公司都会按时足额给你缴纳，并且可以随时查看。此外，公积金也都有，进入咱公司，你就好好干，未来的发展会更好的！"

听了人事主管的话，侯某应声着："好。"但心还是悬着。前两天，一起毕业的同学曾向他抱怨他就职的公司不给缴纳社会保险的事，当时侯某还一直担心自己也会经历相同的遭遇。现在虽然有人事主管的话，可侯某仍然担心着。当月侯某就查询了自己的社保，发现公司真的是所有社会保险都按时足额缴纳。此后，侯某彻底放下心来，觉得自己很幸运，也决定要认真工作，为公司的发展作出自己的贡献。

努力总是有回报的。侯某的敬业精神被领导发现，大会上，公司领导人宣布对侯某的工作调动："在工作过程中，侯某一直兢兢业业，工作认真踏实，经公司领导会议讨论决定，侯某于2011年2月10日被调入B供电公司，担任B供电公司财务经理的职位，大家掌声祝贺！"接过工作调动书，侯某心想，自己多年的努力奋斗终于有了结果。沉浸在升职喜悦中的侯某在调入B供电公司后，没有和以前一样去查阅自己的基本医疗保险。

可事实上，侯某的基本医疗保险关系没有跟随侯某工作地点的变化而从A供电公司转入B供电公司，侯某的基本医疗保险关系仍然在A供电公司。

3. 一次失误，梦想破灭

但是，某天侯某在整理财物报表时出现了一个失误，给公司造成了一定的损失，公司依规对其进行了处置。

这天，他和朋友喝酒解闷，朋友对他说："我这边有个财务的职位空缺，你要不要来试一下？"侯某听后一阵欣喜，答应了去参加面试。第二天，侯某顺利通过面试。然而，新公司在为侯某办理入职手续时发现，侯某的基本医疗保险关系没法转入。于是侯某来到B供电公司，要求B供电公司为其转移基本医疗保险关系，但B供电公司相关负责人告知侯某公司无法为他转移基本医疗保险关系，因为他的基本医疗保险关系根本就不在公司，让侯某自己去找 A 供电公司。侯某不相信，认为 B 供电公司就是在“踢皮球”，不愿为其转移基本医疗保险关系，侯某一气之下将 B 供电公司告上了法庭。

4. 医疗关系，何去何从

转眼来到了开庭的日子。法官说：“现在开庭，请原告进行陈述。”法官看向侯某。侯某看了眼律师，对法官说：“我是从 1993 年 10 月 19 日进入 A 供电公司财务处工作。2011 年 2 月 10 日，××省电力公司任命我为 B 供电公司财务经理。因为我在工作中的一次失误给公司造成了一定的损失，2017 年 9 月 12 日××省电力公司口头免去了我在 B 供电公司财务经理职务。但不论是 B 供电公司还是 A 供电公司都没有作出解除劳动关系的书面通知，直到 2018 年 9 月 1 日我向公司提出因 B 供电公司未依法足额缴纳社会保险费等原因才与 B 供电公司解除劳动关系，寄送了书面通知，并要求 B 供电公司支付经济补偿金；同时，要求 B 供电公司为我转出基本医疗保险关系。”被告席上的领导道：“我们这根本就没有你的基本医疗保险关系，怎么给你转出？当时你也看了具体的社保信息，确实没有你的啊！”侯某回道：“这都是你们内部的事情，总之，你们不能扣留我的基本医疗保险关系不给我转出。”

此时，律师也补充道：“根据《中华人民共和国社会保险法》第三十二条中的规定，个人跨统筹地区就业的，其基本医疗保险关系随本人转移，缴费年限累计计算。所以，在我的当事人调入 B 供电公司时，A 供电公司依法应该将基本医疗保险关系转出，B 供电公司应该及时对调动人员进行社保关系的确定，尽快将我当事人的基本医疗保险关系转入公司，所以 B 供电公司需要负责为我的当事人转出基本医疗保险关系。”

被告律师回答道：“按对方律师所言，得先有侯某的基本医疗关系转入我的当事人的公司，才能谈现在为侯某转出基本医疗关系啊。不是我的当事人不给侯某转移基本医疗保险关系，而是没有转移的可能。没有转入，何谈转出？还请原告自行找回自己的基本医疗保险关系。”

双方在法庭上你一言我一语地争执，也没有结果。最后，法官宣布休庭，择日宣判。侯某和 B 供电公司的负责人也停止争执，等待法院的判决。

5. 尾声

虽然双方各执一词，但是在事实和法律依据面前，事情的前因后果还是比较清楚的。最终法院根据双方所提供的资料，依据《中华人民共和国社会保险法》第三十二条的规定，B 供电公司不为侯某转移基本医疗保险关系。法庭上，侯某还要求 B 供电公司支付经济补偿金。根据《中华人民共和国劳动合同法》第三十八条、第四十条、第四十六条、第四十七条、第五十条以及最高人民法院《关于审理劳动争议案件适用法律若干问题的解释（四）》第五条的规定，侯某工作年限为 1993 年 10 月 19 日到 2018 年 9 月 1 日，共计 24 年加 10 个月，B 供电公司应该支付经济补偿金 25 个月，按照侯某解除劳动关系前 12 个月的月平均工资 8000 元计算，共计 20 万元。

B 供电公司在判决生效后赔付侯某经济补偿金 10 万元，并承诺侯某剩下的 10 万元后续会进行赔付，双方也约定了最迟赔付日期。侯某的基本医疗保险关系虽然无法从 B 供电公司转移，但拿到了自己应得的经济补偿金。因此，侯某也不打算继续上诉了。

分析讨论

1. 分析思路

在本案例中，侯某于1993年10月19日进入A供电公司财务处工作，2011年2月10日××省电力公司任命侯某为B供电公司财务经理。2017年9月12日，××省电力公司口头通知免去了侯某B供电公司财务经理的职务，但没有书面通知。侯某的基本医疗保险关系一直在A供电公司。2018年9月1日，侯某要求与B供电公司解除劳动关系并寄送了书面通知，至此侯某与B供电公司的劳动关系才解除。案例分析思路与步骤如图3－4所示。

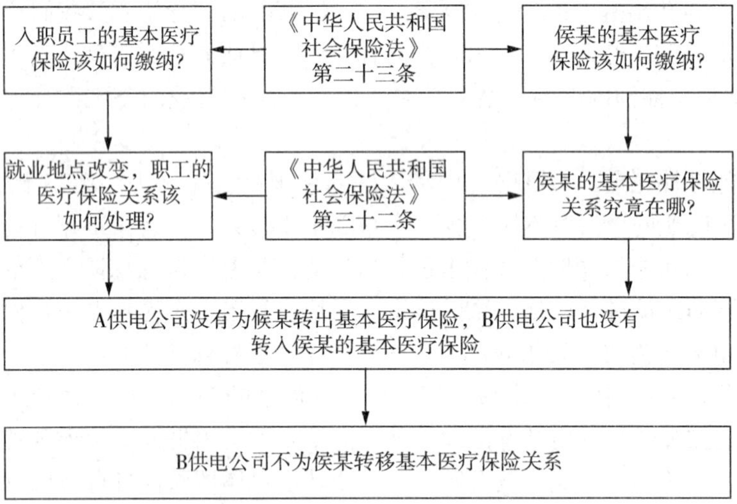

图3－4　案例分析思路与步骤

2. 问题分析

（1）本案例中，侯某的基本医疗保险关系为什么转移失败?

【分析依据】

《中华人民共和国社会保险法》第三十二条。

【案例分析】

根据《中华人民共和国社会保险法》第三十二条的规定，个人跨统筹地区就业的，其基本医疗保险关系随本人转移，缴费年限累计计算。本案例中，侯某在1993年10月19日进入A供电公司在财务处工作，侯某的基本医疗保险由A供电公司作为用人单位为其缴纳。虽然2011年2月10日××省电力公司任命侯某为B供电公司财务经理，但是侯某的基本医疗保险关系一直在A供电公司。由此可见，虽然侯某从A供电公司到B供电公司工作，但是其基本医疗保险关系依旧在A供电公司，没有转移到B供电公司，而A供电公司也依旧为其缴纳基本医疗保险费用，基本医疗保险关系没有按照法律规定随本人转移，B供电公司也就没有为其转出基本医疗保险关系的义务。

（2）因工作调动导致工作地点变化的职工的基本医疗保险关系该如何处理?

【分析依据】

《中华人民共和国社会保险法》第三十二条。

【案例分析】

根据《中华人民共和国社会保险法》第三十二条的规定，员工因工作调动导致工作地点变化的职工的基本医疗保险关系，应该随本人转移，缴费年限累计计算。早在 2009 年人保部、卫生部、财政部就联合发布了《流动就业人员基本医疗保障关系转移接续暂行办法》，其中第七条规定，城镇基本医疗保险参保人员跨统筹地区流动就业并参加新就业地城镇基本医疗保险的，由新就业地社会（医疗）保险经办机构通知原就业地社会（医疗）保险经办机构办理转移手续，不再享受原就业地城镇基本医疗保险待遇。

所以，根据《中华人民共和国社会保险法》规定，员工在调入其他工作地工作时，公司社保经办人员要及时将员工的基本医疗保险关系等社会保险关系转出，新工作地点的公司也要及时转入员工的社会保险关系，避免因为工作上的怠慢导致员工与公司产生不必要的纠纷。

管理启示

不论是新员工入职、员工辞职，还是员工跨统筹地区就业的，企业都应该充分了解员工的基本医疗保险关系处于什么状态。对于离职的员工需要及时为其转出基本医疗关系，在不妨碍员工继续缴费的同时，也减少了员工与企业之间不必要的纠纷。对于新入职的员工，企业要及时了解员工的社会保险关系所处的状态，将其基本医疗保险关系转入，并在用工之日起，三十日内为其职工向社会保险经办机构办理社会保险登记，为其缴纳医疗保险费用。员工跨统筹地区工作的，要按照法律规定，将其基本医疗保险关系转到新的工作地，避免日后出现纠纷。

此外，员工与企业都要充分学习相关的法律法规，了解当地的相关规定，并严格按照法律规定进行相关处理，同时基本医疗保险关系无论是转入还是转出都要及时跟进。

案例3－5　“生”还是“升”？——职场女性的两难选择

案例简介：近年来，随着“全面二孩”政策的实施，越来越多的职场女性要面临“生”与“升”的两难选择，公司有关生育纠纷案例也逐年上升。在生育保险领域，孕期、哺乳期等期间劳动合同或者岗位调动与生育保险待遇纠纷等方面的案例较多。本案例中的女主人公萧某大学毕业后的第一份工作被婚姻、家庭挡住了升职之路，孕期的职业空窗导致了原先的职位被他人替代，并且在领取生育津贴时受到不公平待遇，最终因不满职位变动被公司辞退，并且未收到足额经济赔偿金，萧某决定申请仲裁。根据相关法律条文规定，仲裁委员会会做何裁决？萧某能否维护自己应有的权益？国家是否有相关法律及政策平衡职场女性在“生育”与“升职”之间的两难境地？

关键词：“生”与“升”；生育保险；生育津贴；两难选择

法律条文

《中华人民共和国社会保险法》

第五十四条　用人单位已经缴纳生育保险费的，其职工享受生育保险待遇；职工未就业配偶按照国家规定享受生育医疗费用待遇。所需资金从生育保险基金中支付。生育保险待遇包括生育医疗费用和生育津贴。

第五十六条　职工有下列情形之一的，可以按照国家规定享受生育津贴：

（一）女职工生育享受产假；

（二）享受计划生育手术休假；

（三）法律、法规规定的其他情形。

生育津贴按照职工所在用人单位上年度职工月平均工资计发。

《中华人民共和国劳动合同法》

第二十九条　劳动者有下列情形之一的，用人单位不得依照本法第二十六条、第二十七条的规定解除劳动合同：

（三）女职工在孕期、产期、哺乳期的。

案例背景

萧某于2010年9月进入某公司采购部门担任采购部正式员工；2013年5月在采购一部主管离职后，由萧某填补职位空缺，其工作能力已得到各方领导的认可，公司在确认萧某近期无成家打算后，2014年4月将其提拔为部门经理，2015年6月萧某结婚。2016年9月19日申请休4个月产假。萧某于2017年1月19日回到岗位工作，却被告知调至后勤从事统计工作，萧某因不满公司的决定以及对身体的考虑，又请了3个月病假，于2017年4月20日回公司上班。萧某提出恢复至原部门经理职位的要求被公司拒绝，同时萧某认为领取的生育津贴与应得的生育津贴存在较大差额，双方由此产生纠纷。公司表示若萧某拒绝在离职手续上签字，将不支付其经济赔偿金。2017年6月13日，双方正式解除劳动合同。

案例场景

1. 引言

萧某好不容易把宝宝哄睡着，有了喘口气的机会，独自坐在阳台上发呆，突然被窗外的笑声所吸引，看着那些豆蔻年华的女生，萧某心里有说不出的羡慕，感慨时光如果能一直停留在大学该多好。弹指一挥间，一晃已毕业多年，自己也曾是同学眼里羡慕的学霸，有许多获奖证书；毕业时同学们还四处求职的时候，自己已经签好一家待遇还不错的公司，满怀憧憬地挥别学生时光，走上工作岗位……孩子的哭声将萧某的思绪拉回现实，她赶忙起身抱起孩子。萧某本以为职业生涯也会像大学生活一样美好，只要肯努力就会有收获，然而现实生活中女性在职场上遇到的困难是多方面的。现在刚 30 出头的萧某，成了全职妈妈，事情还要从宝宝的出生开始说起……

2. 理想很丰满——升职加薪

2010 年 9 月，萧某进入某投资公司采购部门工作。她性格开朗，为人落落大方，且工作能力很强，深受单位领导赏识。作为第一份工作，萧某也是满怀热情全力以赴地做好每一项工作。2013 年 5 月，采购一部主管离职，导致职位空缺，公司领导找到萧某，询问其工作及生活安排，得到萧某表示近三年没有结婚成家的打算后，公司将其安排在采购部主管的职位。从此，萧某的职业生涯一路顺畅，2014 年 4 月又升职为部门经理。

3. 现实很骨感——职场家庭何去何从

2015 年 6 月，萧某迫于各方压力而结婚成家。2016 年 9 月 19 日，因生育而申请休了产假，生育前每月基本工资为 9100 元。2017 年 1 月 19 日，萧某休完产假后去上班，领导告知萧某目前经理岗位没有空缺，将其暂时调岗到后勤从事统计工作。因身体虚弱，萧某又请病假 3 个月。病假期满后，萧某又被公司告知在家等通知，等了一个月后，公司仍拒绝将其恢复至原来的工作岗位，萧某不同意这个决定，最终被辞退。在家休完产假后，萧某提供了一系列规定材料至公司申领生育生活津贴，却发现最终公司返还到萧某账户的生育生活津贴缴纳基数远低于其上一年度月平均工资。萧某多次向公司申请补足差额的要求遭到拒绝，直到被辞退时，领导称如再提补足生育生活津贴差额的要求，将不再支付其经济补偿金，无奈之下，最终萧某在协议书上签字，并在书面协议中确认自愿放弃其他诉求，支付经济补偿金 100550 元，2017 年 6 月 13 日双方正式解除了劳动合同。

4. 法律援助——咽不下这口气

回到家后的萧某越想越觉得憋屈，最终申请劳动仲裁，要求公司以产假前基本工资为标准补足已领取的生育生活津贴差额。经审理查明，双方于 2013 年 5 月 12 日签订了有效期自该日起至 2018 年 4 月 11 日止的书面劳动合同一份，主要约定萧某担任采购一部主管一职，具体的工资福利待遇合同中有约定。2014 年 4 月 18 日，双方又签订了有效期自即日起至 2018 年 4 月 11 日止的书面劳动合同，主要约定聘用萧某担任采购部门经理一职等内容。公司以每月 5601 元为基数为萧某缴纳了 2013 年 5 月至 2014 年 4 月的社会保险费，并以每月 7200 元为基数为萧某缴纳了 2014 年 4 月至 2018 年 4 月的社会保险费。经仲裁委员会审理决定，同意萧某诉求，公司应补足其生育津贴差额部分。

5. 尾声

这一场纠纷随着判决结果的公布一切终于尘埃落定，萧某用法律武器维护了自身的合法权益。

分析讨论

1. 分析思路

在本案例中，萧某于 2010 年 9 月进入公司采购部门担任采购部正式员工，2013 年 5 月份被任命为采购一部主管，2014 年 4 月又被提拔为部门经理，2016 年 6 月萧某结婚。2016 年 9 月 19 日申请休 4 个月产假，又于 2017 年 1 月 19 日被调至后勤部门从事统计工作，2017 年 4 月 20 日休完病假回公司上班，后被辞退，发现领取生育津贴与应得生育津贴存在较大差额，导致双方产生纠纷，至 2017 年 6 月 13 日，双方正式解除劳动合同，并口头承诺不再追究生育津贴差额部分。案例梳理分析的逻辑路径如图 3 - 5 所示。

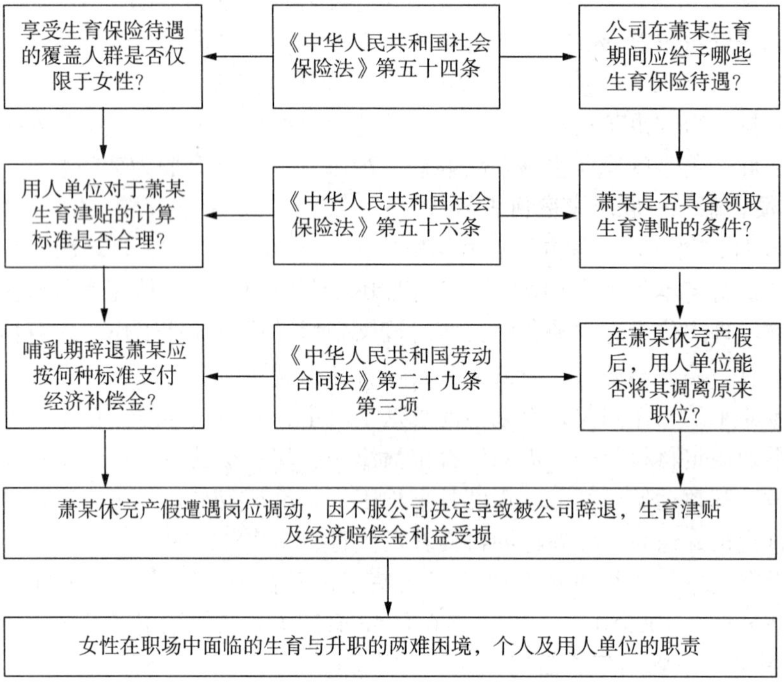

图 3 - 5　案例梳理分析的逻辑路径

2. 问题分析

（1）本案例中萧某生育津贴的支付标准应该如何计算？用人单位发放生育津贴的标准是否有法可依？

【分析依据】

《中华人民共和国社会保险法》第五十四条、第五十六条。

【案例分析】

《中华人民共和国社会保险法》第五十四条、第五十六条规定，公司应当给员工缴纳"五险一金"，即养老保险、医疗保险、工伤保险、失业保险、生育保险和住房公积金。公司未给职工缴纳生育保险的，由公司按照法律规定的生育保险待遇项目和标准报销生育医疗费、支付生育津贴。生育津贴 = 上年度职工月平均工资/30 天×产假天数。在本案例中，以 7200 元为基数，萧某应领取生育津贴 28880 元，但是最终领取生育津贴仅有 15000 元，违反了社会保险法第五十六条规定，因此用人单位应予补齐萧某剩余的 13800 元生育津贴。

（2）经济赔偿金在何种条件下能够申请？其支付标准为何？

【分析依据】

《中华人民共和国劳动合同法》第二十九条第三项。

【案例分析】

根据《中华人民共和国劳动合同法》第二十九条第三项的规定，女职工在孕期、产期、哺乳期的，用人单位不得解除劳动合同。违法辞退的应当按照经济补偿标准的两倍向劳动者支付经济补偿。公司于2017年6月与萧某解除劳动合同，在此期间萧某还处在哺乳期（根据工龄计算补偿金，每满一年支付一个月工资的标准向劳动者支付。6个月以上不满一年的，按一年计算；不满6个月的，向劳动者支付半个月工资的经济补偿），萧某于2010年9月入职，2017年6月离职，工龄为7年，应支付14个月的工资，补偿金$=9100\times14=127400$元，综上，应补缴经济补偿金26850元。

管理启示

生育永远是女性职业生涯中不可避免的暂停键，女性在选择就业过程中，应该明确自己的职场发展需要，并认清就业歧视与否的界限，找到适合自己的工作岗位，这样才能让男女平等就业的权利从法律法规的“纸面”上，回到现实中来。用人单位在关注自身利益的同时，应当注重社会责任的履行及法律法规的遵守，有关部门也应当加强对企业的监督。

附 件

1.《中华人民共和国社会保险法》第五十四条

【解读】本条系关于生育保险待遇的规定。

（1）享受生育保险待遇的范围

享受生育保险待遇的范围包括参保的职工以及参保职工的未就业配偶。

（2）生育保险待遇的内容

生育医疗费用，包括女职工因怀孕、生育发生的检查费、接生费、手术费、住院费、药费和计划生育手术费。

2.《中华人民共和国社会保险法》第五十六条

【解读】本条系关于享受生育津贴情形的规定。

（1）生育津贴

生育津贴指国家法律、法规规定对职业女性因生育而离开工作岗位期间给予的生活费用，用以保障女职工产假期间的基本生活需要。目前，我国生育津贴的支付方式和支付标准分两种情况：一是在实行生育保险社会统筹的地区，由生育保险基金按本单位上年度职工月平均工资的标准支付，支付期限一般与产假期限相一致，期限不少于90天（注：2012年延长至98天）。二是在没有开展生育保险社会统筹的地区，生育津贴由本单位支付，标准为女职工生育之前的基本工资，期限一般不少于90天。本条规定生育津贴按照本企业上年度职工月平均工资计发。

（2）产假津贴

现法定正常产假为90天，其中产前假期15天，产后假期75天。难产的，增加产假

15 天。若系多胞胎生育，每多生育一个婴儿增加产假 15 天。流产产假以 4 个月划界，其中不满 4 个月流产的，根据医务部门的证明给予 15～30 天的产假；满 4 个月以上流产的，产假为 42 天。很多地区还采取了对晚婚、晚育职工给予奖励政策，假期延长到 180 天。

（3）计划生育手术休假津贴

公民实行计划生育手术享受国家规定的休假，按照《中华人民共和国卫生部、国家计划生育委员会关于转发〈节育手术常规〉的通知》和《劳动部关于女职工生育待遇若干问题的通知》的有关规定执行。

（4）其他津贴

比如有的地区规定女职工在生育后，给予男职工一定假期，以照顾生育后的妻子，假期工资照发。

第四章　工伤保险案例

工伤事故是一个无法回避的现实问题。客观而言，企业在安全方面的技术投入量将直接影响到工伤事故的发生频次，但是在考虑如何减少甚至避免这些事故时，不仅应从加强公司管理和教育方面着手，同时员工本身也应提高职业及法律素养，树立好正确的职业观并增强相关法律意识，严格遵守安全技术操作规程。本章对五个工伤案例进行认真调研、深入分析，对案例的起因、经过、结果分别结合电力公司实际，有针对性地进行了深入剖析。通过阅读本章的案例可以了解以下几点：

（1）工伤保险缴费工资与实际工资收入不统一时如何解决？

（2）用人单位未依法缴纳工伤保险费时如何解决？

（3）什么样的“受伤”不应视作工伤？

（4）发生工伤事件后可以享受哪些具体待遇？

（5）因工外出期间出事是否应予以工伤认定？

案例 4－1　“低标准”缴纳工伤保险费，员工利益损失谁来承担？

案例简介：近年来，因工伤保险缴费工资与实际工资收入不一致引发的待遇争议逐年增加。在社会保险中，享受社会保险待遇与本人工资（缴费工资）有关的险种有养老保险、工伤保险和生育保险，但因缴费工资引发的争议却以工伤保险最为突出，本案例主人公××省某电力公司电工张某，因在下班途中发生交通事故被认定为工伤，鉴定为十级伤残。张某所在单位向当地社会保险经办机构申报一次性伤残补助金，可拿到手的伤残补助金额并非按照本人工资收入计算的。张某与单位商谈无果后遂申请仲裁。那么，张某要求公司赔偿差额部分的申请是否合理？究竟应该由谁来承担这部分赔偿缺失？工伤保险条例中又是如何规定的？

关键词：“低标准”缴纳；工伤保险；一次性伤残补助金

法律条文

《中华人民共和国社会保险法》

第三十三条　职工应当参加工伤保险，由用人单位缴纳工伤保险费，职工不缴纳工伤保险费。

第三十五条　用人单位应当按照本单位职工工资总额，根据社会保险经办机构确定的费率缴纳工伤保险费。

案例背景

2016年5月1日，张某迎来难得的假期，既然是劳动节，张某一大早也没闲着，开始和妻子整理东西，准备给家中做个大扫除。整理中，不经意翻到了自己当年的劳动合同，回忆涌上心头。2014年9月，自己凭借一技之长，成功应聘××省某电力公司电工，依稀记得当时签完劳动合同后的喜悦心情。时间一晃而过，自己在单位快两年了，从一个初出茅庐的小伙子变成了一个熟练工，心中一阵感慨。然而，2016年5月6日的那场交通事故彻底打破了他平静的生活。

案例场景

1. 引言

2016年10月5日，期待的国庆假期终于到来了，张某清晨醒来便掏出手机刷朋友圈，看着朋友们纷纷晒照旅行，心中无比羡慕。放下手机，右股骨还在隐隐作痛，不禁叹了一口气。这时，手机突然震动了两声，来短信了，张某赶忙打开手机查看短信内容，应该是单位为他申请的一次性伤残补助金到账了，"这件事终于可以告一段落了，这几个月仿佛一场噩梦。"他心喜地想着，可定睛一看，这补助金的金额怎么少了呢？和事先计算的不同啊，张某定了定神，立即打电话给张主管，事情还要从几个月前说起……

2. 飞来横祸

2014年9月，张某成功应聘××省某电力公司电工，签订了为期三年的劳动合同，每月工资3600元。对于张某来说，这份工作不累，勉强够养家糊口了，所以他一直兢兢业业地工作。直到2016年5月6日，张某和往常一样下班回家，一不留神被一辆摩托车撞倒在地，一阵疼痛袭来，他昏了过去。醒来之后，发现自己已躺在医院的病床上，这才知道，摩托车逃逸。经过诊断，张某右股骨骨折、开放性鼻外伤，幸好没有危及生命。医生告诉张某，需要接受19天的住院治疗，再按医嘱在家休息60天。这可把张某愁坏了，自己不能工作，怎么赚钱养家？何况自己这19天的住院费也不少，对家里也是一笔不小的负担。一筹莫展之际，单位的好友余主管前来探望，寒暄之后，余主管告诉张某，他属于下班途中发生的意外，如果满足条件，可归为工伤。张某一拍脑门，"对啊，我可是有五险的，我怎么没想到呢？"送走余主管后，张某振作精神，躺在病床上开始查阅工伤保险条例。

3. 峰回路转

几天后，交警队的警官告知张某和单位，在交通事故中张某没有责任，逃逸的摩托车驾驶人负事故的全部责任。因为张某是在下班途中受到交通事故的伤害，并且由逃逸的摩托车驾驶员负全责，完全符合《工伤保险条例》第十四条第六款规定，得知消息后，单位的人事部门及职工代表召开会议，公司王主管随即敲定，向当地社会保险申办机构申请张某的工伤认定。

4. 柳暗花明

张某得知这一切，在医院接受治疗后便回家安心养伤。2016年9月1日，根据所在单位的申请，张某被认定为工伤，被鉴定为十级伤残。张某所在单位为张某支付了停工留薪费（工伤治疗和休息期间的工资）和护理费等费用，看见一笔笔费用如约而至，张某也渐渐安心。转眼到了10月5日，还差社保机构的一次性伤残补助金未到账，张某默默计算起来，按《工伤保险条例》第三十七条规定：工伤十级伤残的劳动者应当获得7个月工资的一次性伤残补助金，自己每个月工资是3600元，7个月的一次性伤残补助金应该是2.52万元，这时，手机震动了两声，信息上显示一次性伤残补助金1.68万元到账了。怎么少了8400元呢？张某定了定神，拨通了王主管的电话。张某了解到，少了8400元是因为单位没有按自己的实际工资缴纳工伤保险费，即少缴工伤保险费导致的，张某随即要求单位补足缺失部分。可单位却认为已经为张某缴纳了工伤保险费，《工伤保险条例》规定的一次性伤残补助金、伤残津贴都是按照本人工资即工伤职工遭受工伤事故前12个月的平均月缴费工资计算的，所以应当按照缴费基数计算工伤待遇，张某要求用人单位承担实际工资与缴费工资计算工伤待遇差额部分，没有法律依据。由于与单位不能达成一致意见，张某向当地劳动仲裁机构申请仲裁，要求单位补足缺少的一次性伤残补助金8400元，在没有获得仲裁机构支持后又以同样的理由起诉到法院。法院经过审理，判决支持了张某的诉讼请求。

5. 依法行事

这是一起劳动者与用人单位之间的工伤保险待遇支付纠纷，在这种纠纷中，争议最多的就是劳动者本人工资的确定。虽然《工资支付暂行规定》第三条已明确指出，本规定所称工资是指用人单位依据劳动合同的规定，以各种形式支付给劳动者的工资报酬，但一些用人单位依然想方设法减少劳动者依法应当得到的工伤待遇，以低于劳动者工资的标准缴纳。《中华人民共和国社会保险法》第三十三条规定，职工应当参加工伤保险，由用人单位缴纳工伤保险费，职工不缴纳工伤保险费；第三十五条规定，用人单位应当按照本单位职工工资总额，根据社会保险经办机构确定的费率缴纳工伤保险费。在本案例中，用人单位虽然缴纳了工伤保险，但却未足额缴纳。根据上述条例，缴纳工伤保险费的责任主体是用人单位，用人单位应当按照工资总额及时足额缴纳保险费。没有足额缴纳工伤保险费，致使职工工伤保险待遇降低，系用人单位的过错，所以工伤待遇降低部分应由用人单位承担。用人单位没有为职工缴纳工伤保险费和用人单位没有为职工足额缴纳工伤保险费，性质相同，处理办法也应该统一。在本案例中，张某的月工资为3600元，按《工伤保险条例》第三十七条规定，工伤十级伤残的劳动者可以从工伤保险基金中得到一次性伤残补助金，其金额为本人7个月的工资，如此计算，张某依法应得的一次性伤残补助金为2.52万元。由于用人单位缴纳了工伤保险，这笔费用由社会保险经办机构负责支付，但社会保险经办机构只能按用人单位实际缴纳的工伤保险费用计算支付。短少的一次性伤残补助金，是因为用人单位不依法为劳动者足额缴纳工伤保险费用造成的，所以应当由用人单位补足。

6. 尾声

历时几个月，张某终于得到了应有的补偿。经历了这些，张某心中的疑惑也渐渐解开了，也更明白了运用法律武器来捍卫自己权利的重要性和必要性。

分析讨论

1. 分析思路

本案例由问题出发，由浅入深，从故事中寻求问题的解决方法，从而最终获得“低标准”缴纳工伤保险，员工利益损失谁来承担这一问题的答案。案例详细分析思路与步骤如图4－1所示。

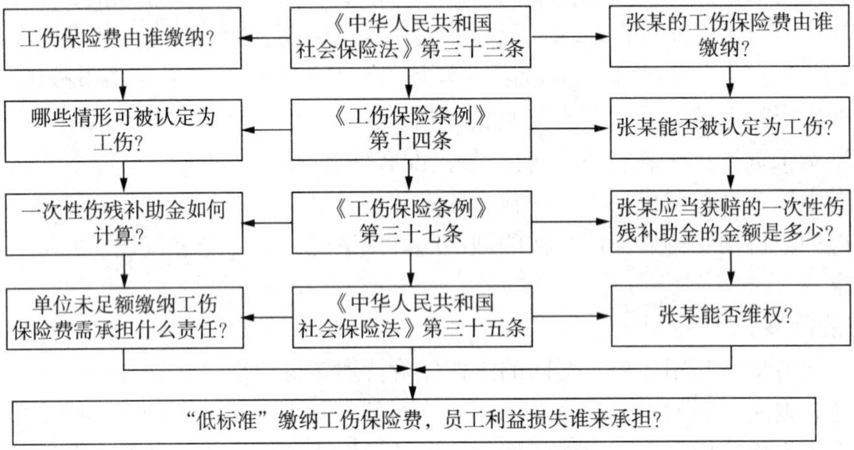

图4－1　案例详细分析思路与步骤

2. 问题分析

（1）事故发生后，张某被认定为工伤是否正确？

【分析依据】

《工伤保险条例》第十四条。

【案例分析】

张某在下班途中，遭受交通事故的伤害，并且由逃逸的摩托车驾驶员负全责，完全符合《工伤保险条例》第十四条第六款“在上下班途中，受到非本人主要责任的交通事故或者城市轨道交通、客运轮渡、火车事故伤害的”。因此，可被认定为工伤。

（2）如何确定一次性伤残补助金中的本人工资标准？职工因工致残被评定伤残等级后，享受一次性伤残补助金待遇，各个等级的标准有何不同？

【分析依据】

《工资支付暂行规定》第三条，《工伤保险条例》第三十五条、第三十六条、第三十七条。

【案例分析】

《工资支付暂行规定》第三条已明确指出，本规定所称工资是指用人单位依据劳动合同的规定，以各种形式支付给劳动者的工资报酬。

职工因工致残被鉴定为一级至四级伤残的，保留劳动关系，退出工作岗位，享受从工伤保险基金按伤残等级支付一次性伤残补助金，标准为：一级伤残为27个月的本人工资；

二级伤残为25个月的本人工资；三级伤残为23个月的本人工资；四级伤残为21个月的本人工资。职工因工致残被鉴定为五级至十级伤残的，享受从工伤保险基金按伤残等级支付一次性伤残补助金，标准为：五级伤残为18个月的本人工资；六级伤残为16个月的本人工资；七级伤残为13个月的本人工资；八级伤残为11个月的本人工资；九级伤残为9个月的本人工资；十级伤残为7个月的本人工资。

张某的月工资为3600元，被认定为工伤十级，张某依法应得的一次性伤残补助金为2.52万元。

管理启示

公司不缴纳或者未足额缴纳工伤保险费，是对员工利益不负责任的表现，同时也不利于经营公司的良好形象及维护公司的长远利益。依据《中华人民共和国社会保险法》和《工伤保险条例》，用人单位依法为职工缴纳工伤保险费是法律的强制性规定，即使劳动者做出自愿不缴纳工伤保险费的申明，但因法律的强制性，该申明也是无效的。

无论用人单位以任何理由不缴或者未足额缴纳工伤保险费，在发生工伤后，用人单位都需赔偿损失。随着广大人民群众法律意识的普遍增强以及文化水平的不断提高，管理者更应遵纪守法，避免此类事件的发生。管理者应明确法律的规范性和强制性，按照本单位职工的工资总额，根据社会保险经办机构确定的费率缴纳工伤保险，切勿因小失大。

案例4－2　职工工伤的维权之路

案例简介：相比从前职工维权意识淡薄，如今大多数职工都能在事故发生后拿起法律武器来捍卫自己的合法权益，积极争取应得的工伤补偿。但是，职工依然存在特殊情况下工伤保险知识匮乏的情况。此案例通过分析××市某电力公司职工孙某的工伤保险赔付事件来解释说明社会保险法中第三十六条和第四十一条的内容。透过案例中主人公孙某从工伤认定到索要工伤保险赔付的曲折过程，读者可以从中得到一些什么启示？有关工伤保险的法律法规又是如何规定的？每个人又该如何运用法律武器来保护自己的合法权益？

关键词：工伤保险；工伤认定；工伤维权

法律条文

《中华人民共和国社会保险法》

第三十六条　职工因工作原因受到事故伤害或者患职业病，且经工伤认定的，享受工伤保险待遇；其中，经劳动能力鉴定丧失劳动能力的，享受伤残待遇。

工伤认定和劳动能力鉴定应当简捷、方便。

第四十一条　职工所在用人单位未依法缴纳工伤保险费，发生工伤事故的，由用人单位支付工伤保险待遇。用人单位不支付的，从工伤保险基金中先行支付。

从工伤保险基金中先行支付的工伤保险待遇应当由用人单位偿还。用人单位不偿还的，社会保险经办机构可以依照本法第六十三条的规定追偿。

案例背景

孙某是××市某电力公司的一名员工。2013 年 6 月 10 日上午，孙某刚刚来到办公室，就接到领导交代的任务——去机场接专家。孙某接到任务后，立即到公司主管部门领取汽车钥匙和汽油票，办理完相关手续后，急忙赶到公司的停车院内提车，当行至一楼门口的台阶处时，由于地面湿滑，再加上行走匆忙，不慎从台阶上摔倒，滚落至地面上，孙某倒地不起，剧烈的疼痛令他完全无法动弹，甚至不能开口呼救。随后，他被巡逻的保安发现，紧急送往医院就诊。孙某经医院诊断为轻微脑震荡，右腿骨折，颈椎过伸性损伤合并颈部神经根牵拉伤，上唇挫裂伤，左手臂、左腿均有不同程度的擦伤且面积较大。医生建议孙某卧床休息一个月。随后，孙某向当地劳动局提出工伤认定申请，由此，发生了后续一系列事件。

案例场景

1. 引言

这天，同事小王来看望孙某，看着孙某在病床上愁眉苦脸的样子，小王安慰他道："小孙，心态要放平啊，这样才更有助于康复。"孙某皱着眉，摆了摆手，说道："小王啊，你是不知道我的情况，孩子现在正在上高中，妻子又早早地下岗在家，家里的收入来源全靠我每个月的这点工资。现在我又出了这事，再加上这笔医药费不是小数目，我正发愁这日子该怎么过呢！"小王拍了拍孙某的肩膀，说道："原来是这么回事，你这是工作时受的伤，去试试申请工伤认定吧，或许能帮到你。""工伤认定，工伤认定……"孙某反复念叨着这几个字，陷入了沉思……

2. 认定受阻

孙某听取了小王的建议，在查询了相关资料后，立即向当地劳动局提出工伤认定申请。劳动局于 2014 年 3 月 5 日作出《不予认定工伤决定书》，认为没有证据表明孙某的摔伤事故是在工作场所、基于工作原因造成的，决定不认定为工伤。孙某拿到劳动局的《不予认定工伤决定书》，一下子傻了眼。平复好心情后，孙某委托律师，将当地劳动局告上了法院。所在地第一中级人民法院一审、高级人民法院二审认为，孙某摔伤地点是否属于工作场所和是否因工作原因摔伤是该案的焦点问题。职工在工作时间和工作场所内，因工作原因受到事故伤害，应当认定为工伤。其中的"工作场所"，是指职工从事职业活动的场所，而在有多个工作场所的情形下，还应包括职工来往于多个工作场所之间的必经区域。在这起事件中，某电力公司办公室是孙某的工作场所，而其完成去机场接人的工作任务需要驾驶的汽车属于孙某的另一处工作场所。汽车停在一楼门外，孙某要完成开车任务，必须从办公室下到一楼门外停车处，这说明从办公室到停车处是孙某来往于两个工作场所之间必经的区域，应当认定为工作场所。劳动局认为孙某摔伤地点不属于其工作场所，将完成工作任务的必经之路排除在工作场所之外，有悖于生活常识。孙某为完成开车接人的工作任务，从办公室下到一楼，并在一楼门口台阶处摔伤，此为完成工作任务所致。劳动局以孙某不是开车时受伤为由，认为孙某不属于其中的“因工作原因”摔伤，理由不能成立。在这起事件中，孙某最终被认定为工伤。

3. 风波再起

孙某再过不到一个星期就要出院了，可是，该来的工伤保险赔付却迟迟没有消息，他的心里打起了鼓。这一天，公司里的领导来看望慰问孙某，同时带来了一个令孙某傻眼的消息。由于公司经办人员业务上的疏忽，再加上管理人员的监管力度不到位，孙某的社会保险单位并未代为缴纳，这个消息犹如晴天霹雳，让孙某本来放下的心又揪了起来。单位随后提出解决方案，补偿孙某一万元，但这个解决方案并没有使孙某满意。在愤怒中，孙某再一次将××市某电力公司告上了法院。

被告某电力公司的律师认为：原告的病情越严重、需要治疗的时间越长，其得到的赔偿数额理应越低，因为要考虑到通货膨胀、物价变化等因素。原告孙某的律师认为：这显然与立法的意图相违背，因为社会经济发展十分迅速，职工的工资收入也将随之不断提高。事实是被告没有给原告购买工伤保险，这直接导致原告得不到工伤保险赔付；又由于原告受伤程度严重并且被告承诺的补偿数额实在太少，这让原告感受不到被告有诚意和解，故原告没有接受。原告东拼西凑，才得以进一步做手术，法院最终认定：原告花去的该部分费用，被告必须予以全部支付。

4. 尾声

为了有效预防、减少甚至杜绝工伤的发生次数，很多用人单位都能做到加强安全生产管理，健全安全操作责任制度，完善安全操作施工条件，以此确保安全作业的进行，但其实，不光生产人员，一些行政人员也可能发生工伤事件。用人单位在员工正式上岗工作前，一定要认真进行岗前培训，加强用工保护；在上岗后，也要提高劳动者的安全意识和突发紧急情况的处理能力。这样才能做到工伤事故发生前防范、工伤事故发生后不慌乱，处理得当，减少二次伤害的发生。

在此次案例中，孙某的维权之路并不一帆风顺，好在经过几个月的波折，孙某最终拿到了某电力公司对医药费用的全部补偿和额外的精神补偿费用，并且当地的社会保险行政部门也责令该公司限期参加工伤保险、补缴员工的工伤保险费，并加收滞纳金。孙某这件事能得到圆满解决，也是因为他在事情发生后敢于拿起法律武器捍卫自己的权益，所以，懂得运用法律武器才能在事情发生后更好地保护自己。

分析讨论

1. 分析思路

本案例由孙某发生事故后一系列事件出发，由浅入深，不断发现问题、解决问题，并从中得到感悟，受到启发。案例详细分析思路与步骤如图 4－2 所示。

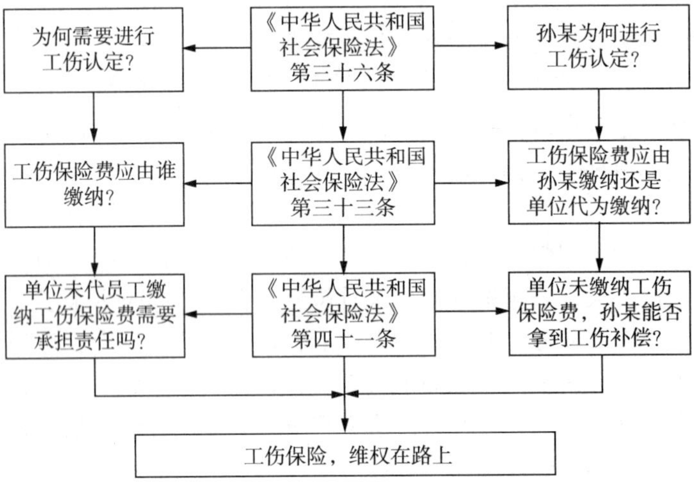

图 4－2　案例详细分析思路与步骤

2. 问题分析

（1）在事故发生后，小王为什么建议孙某先申请工伤认定？

【分析依据】

《中华人民共和国社会保险法》第三十六条。

【案例分析】

如果在工作过程中遇到事故伤害，应当及时向当地劳动保障行政部门申请工伤认定。工伤职工如果对劳动保障部门工伤认定结论不服（如不认定为工伤），还可以在收到工伤认定书60日内提起行政复议；对复议决定不服的，还可以在15日内向当地人民法院提起行政诉讼。被认定为工伤后，应拿着工伤认定书到当地劳动能力鉴定委员会申请伤残等级鉴定。拿到《认定工伤决定书》和《伤残等级鉴定书》之后，就可以到用人单位或劳动保障部门的工伤保险经办机构领取工伤保险待遇。

（2）××市某电力公司未为员工孙某交付社会保险而导致其没有拿到应有的工伤赔付，公司应该承担什么样的法律责任？

【分析依据】

《中华人民共和国社会保险法》第四十一条。

【案例分析】

参加工伤保险是用人单位的法定义务，具有强制性。用人单位应依法及时为劳动者缴纳社会保险费，以保障劳动者的合法权益，同时也避免因未缴纳工伤保险而导致的巨额工伤保险赔付负担。用人单位还应严格按照有关法律法规，在劳动者发生工伤后，及时为劳动者向社会保险行政部门提出工伤认定申请，以保障工伤劳动者的合法权益。

给劳动者缴纳工伤保险，无论是对用人单位还是对劳动者个人，都是一件一举多得的事情。劳动者缴纳了工伤保险费，一旦发生工伤事故，得到的赔付可以达到十几万元，甚至百余万元，无论多大的数额，全部由工伤保险基金承担；而如果不缴纳保险费，劳动者若发生工伤事故，用人单位就得支付全部费用。

管理启示

在本案例中，孙某在申请工伤认定后未能及时拿到工伤补偿，究其原因，是××市某电力公司的内部控制系统不完善造成的。如果该公司拥有强大完备的内部控制系统，那么在出现诸如此类漏记、漏报的错误时，相关信息系统就能够及时甄别并预警，从而减少此类失误的发生。

要想建立完善的内部控制系统，企业应当做到以下几个方面：首先，应完善企业的控制环境。控制环境的好坏直接影响到企业内部控制的贯彻和执行。在本案例中，××市某电力公司如果能正确地分析环境因素，就能发现其员工生产安全意识不高和信息系统功能不完善等问题，并进行及时纠正。其次，应建立广泛的信息与交流，使员工明确各自的职责，减少工作重复或漏做的可能性。最后，要保证内部控制系统被切实执行且执行效果良好，必须加强内部控制系统的监督和评审，使内部控制系统在企业中发挥出最大的效用。

案例 4－3　此“工伤”非彼“工伤”，自伤身体为哪般？

案例简介：工伤及其赔付一直是社会关注的热点问题，职工在工作时间、工作地点发生工伤事件时，公司和社会保险机构要承担起相应责任并给予相应的补偿，但是工伤如何认定？认定后如何进行合理的工伤补偿？是否存在利用法律漏洞套取不当利益的现象？这都是值得深思的问题。本案例中的主人公是某供电公司职工王某，因为个人原因在工作期间故意让自己受伤，并以此申请工伤认定，试图获取伤残补助金等不当得利。这一行为被该公司察觉且获取相关证据后，公司向公安机关报案。公安机关予以立案侦查，并进行相关取证及事实查证，根据《中华人民共和国社会保险法》第三十七条规定，认定王某存在诈骗行为，并依据其他相关法律判定王某以诈骗罪进行相关判决、处罚。

关键词：工伤补偿；法律漏洞；不当得利；诈骗罪

法律条文

《中华人民共和国社会保险法》

第三十七条　职工因下列情形之一导致本人在工作中伤亡的，不认定为工伤：

（一）故意犯罪；

（二）醉酒或者吸毒；

（三）自残或者自杀；

（四）法律、行政法规规定的其他情形。

案例背景

王某，男，1982年出生，于2014年6月入职××市某供电公司（以下简称供电公司），为正式在职电工，并在入职之后接受了公司统一安排的工作安全知识培训。2017年8月13日，供电公司派遣王某前往××市某某乡，为一新低压农户接线送电。在工作过程中，王某在完成作业的下杆途中从高处坠落，导致右侧第8肋骨骨折、右肺挫裂伤，随后王某向人力资源和社会保障局（以下简称人社局）申请工伤认定。根据《中华人民共和国社会保险法》第三十六条的规定，人社局认定王某受伤为工伤，供电公司也应其请求支付了一次性伤残补助金、护理费等费用。然而，公司在进一步调查中发现，事情没那么简单。

案例场景

1. 引言

“咳咳咳……”王某躺在床上感到一阵胸闷，一阵咳嗽后转过头看见小女儿担忧的眼神，伸手摸了摸小女儿的头，说道：“没事，爸爸就是嗓子有点痒，不用担心。”女儿还是担忧地替他捻了捻被角劝道：“爸爸还是睡一会吧，睡一会更舒服点。”王某欣慰地点点头，看着女儿可爱的脸庞，带着笑意进入了梦乡。

2. 天降噩耗，保险真好

王某一家原是令人羡慕的三口之家，活泼可爱的女儿、收入稳定的工作，都是他的幸福源泉，没想到这一切却在一次同平常一样的派遣工作后发生了改变。

2017年8月13日，王某和以前一样外出完成供电公司的派遣任务——和同事们一起前往某某乡为新低压农户接线送电。本就是得心应手的一次作业，王某也在做好相关安全措施后顺利地进行了杆上作业，陆续完成作业后大家在整理相关工作装备时突然听到一声惊恐的大叫，抬头望去，发现王某从半空中坠落在地。“老王！老王！……”一时间大家慌乱起来，奔向躺在地上动弹不得的王某，拨打了120急救电话。

经医院检查并诊断，王某此次受伤造成右侧第8肋骨骨折、右肺挫裂伤。“老王啊，听说这个肺挫伤可能还有后遗症啊，后面的治疗又是一大笔费用啊，你说你，怎么这么不小心呢！”同事老刘边担忧边埋怨道，王某虚弱地笑了笑，并不接话，只是面带忧思。“哎！对了，老王，”老刘一拍大腿说道，“我听说隔壁县也发生过一起这样的事故，最后申请认定为工伤了，医药费啥的都给报销了，据说还有一些补助呢，你要不也找单位领导说说？”

为此，王某查阅了关于工伤保险的相关社保资料，在人社局网站下载了《工伤认定申请表》，提供所需证明材料后，向人社局提出了工伤认定申请。人社局依据《中华人民共和国社会保险法》第三十六条规定，认定王某此次受伤为工伤并出具人社局认结的《认定工伤决定书》。依据《中华人民共和国社会保险法》第三十八条、第三十九条以及《工伤保险条例》第三十七条，王某同时申请了按月领取的伤残津贴，主动要求与供电公司解除劳动合同，要求供电公司为其支付医疗费（含康复费）、住院伙食补助费、停工留薪期待遇（工伤治疗和休息期间的工资）、一次性伤残补助金（残疾赔偿金）等各项费用共计234251.80元。

供电公司对于王某的请求都依据《中华人民共和国社会保险法》《工伤保险条例》等相关法律文件给予法律范围内的应允。

每一笔款项的按时进账都让王某安下了心，工伤赔偿已然补偿到位，而这是一笔不小的数目，自己虽当时伤势看着严重，在医院的治疗下已渐渐恢复。王某的右肺挫裂伤为轻型挫伤，以后可能会留有轻微咳嗽、胸闷的后遗症，当然，这已经是最好的结果了。如果没有工伤赔偿还真不知道该怎么办，王某想着这些，一时间全身心都感觉非常轻松。

3. 天网恢恢，疏而不漏

这天，身体渐渐恢复健康的王某和女儿正在吃午饭，同事老吴却急匆匆地从外面跑进来，门也来不及敲，"老王老王，出事了，公司将你告上法庭啦……"

原来，王某申请工伤赔偿之后，供电公司接到一封匿名举报信，称王某此次事故应是其自己故意所为。接到匿名举报信后，供电公司高度重视，立即组织相关人员对此次事故进行严密调查。公司在调取了王某出事地点路边摄像头的现场录像后，发现王某在作业完成后下杆途中，观望高度后私自割裂了身上的安全带，并在明显有坠落危险的情况下做出身体后仰等试图摔落的动作，最终导致自己坠落致伤。

发现上述事实后，经过分析讨论，公司认定王某是故意坠落，自残致伤，而非公司的原因致其受伤（有录像为证）。公司因此依法向××市公安局某分局派出所报案，并为维护自身合法权益，诉至法院，请求依法判令：被告自行承担一次性伤残补助金、医疗补助金、一次性就业补助金、停工留薪期工资、护理费等合计206821.24元。

经审理查明，王某在事故发生后经××市人社局认定为工伤，并报销了王某的医疗费78720.86元、供电公司给付伤残补助金等各项费用合计234251.80元。根据供电公司所提供证据及事实描述，依据《中华人民共和国社会保险法》第三十七条，判定王某事故属于不予认定工伤的情形，××市某供电公司在涉案事故中对被告王某不承担工伤赔偿责任。

4. 鸡飞蛋打，悔之晚矣

事情到这里并没有结束，王某因涉案事故涉嫌诈骗罪一案经公安机关侦查终结后，由××市某人民检察院诉至法院。法院经审理后作出刑事判决，认定王某系故意坠落致伤，其以非法占有为目的，采取自伤的办法骗取伤残补助金等，数额巨大，其行为已构成诈骗罪，依据相关法律，王某被判处有期徒刑一年零六个月，并处罚金5000元。案件受理费减半收取，也由被告王某负担。

"老王啊，你这到底是图啥啊！你……"同事老吴痛心疾首地朝着王某喊道，怎么也想不通平时憨厚的老王会干出这种违法之事。王某面色灰白，看着年幼的女儿终于忍不住掩面痛哭，"老吴，我……我也是被逼无奈啊！"

原来王某的女儿突然生了大病，高昂的手术费即使让他掏尽家底也负担不起，面对这一巨大的困难，王某竟然选择了违法之路。这下事情败露了，他幻想的一切都成为泡影……

5. 尾声

判决书下来的那一瞬间，王某的心里很后悔……只因一念之差，不但断送了自己的工作，还损坏了自己的身体，更重要的是，自此以后，家里没了生活来源，女儿的后续治疗也成了王某放不下的一块心病。

分析讨论

1. 分析思路

案例分析思路与步骤如图 4-3 所示。

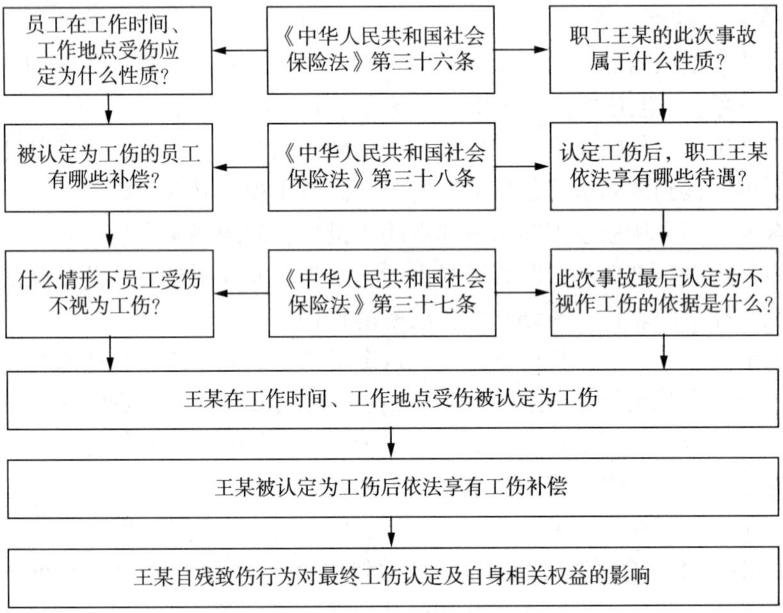

图 4-3　案例分析思路与步骤

2. 问题分析

（1）在被认定为工伤的情形下，王某对于供电公司的要求是否合理？

【分析依据】

《中华人民共和国社会保险法》第三十六条、第三十八条。

【案例分析】

王某在为新低压农户接线送电的下杆过程中摔伤致残。

本次事故中，王某为供电公司职工，身处工作地点并且处于工作时间，符合工伤认定条件，经人力资源和社会保障局认定为工伤，依据《中华人民共和国社会保险法》第三十六条、第三十八条、第三十九条，王某提出的相关赔偿要求符合事实及法律依据。

（2）供电公司请求认定王某不视为工伤行为是否符合法律依据？

【分析依据】

《中华人民共和国社会保险法》第三十七条。

【案例分析】

本次事故发生后，人社局初次认定王某为工伤并出具了《认定工伤决定书》，后经供电公司调取监控录像查看，认定王某在此次事故中承担主要责任，并且有理由认为王某属于自残致伤。

在本案例中，据事实描述及相关证据，依据《中华人民共和国社会保险法》第三十七条，供电公司请求认定王某不视为工伤行为是符合法律依据的。

(3) 此案例对于社会有何启示？

【案例分析】

对于个人来说，要增强法律意识，遇事积极向社会、公司求助，不钻法律漏洞，做到不敢、不能、不想，从根源上杜绝此类事件发生。

对于社会整体来说，应进一步完善法律体系。此案件客观上之所以会发生，是因为工伤的认定程序过于简单，在一定程度上给不法分子钻空子提供了空间。

在本案例中，王某为普通职工，三口之家生活幸福，却因为在家庭遇到意外之灾时一念之差犯下大错，而这其中也有一些值得大家进一步思考的问题：对其家庭的后续生活是否应当给予适当的照顾？如何在法与情之间做到完美的平衡？

管理启示

在本案例中，王某因一己私利而走上违法犯罪道路，企图用自残致伤的方式获取大额赔偿金。供电公司给予赔偿后接到匿名举报信，在进行实地调查取证后发现王某以自残方式获取赔偿金的事实，并依法维护自身权益。

对于供电公司来说：

(1) 要完善公司管理机制，严肃工作态度，认真执行法律流程。在员工提出工伤认定要求时，应对相关事实进行仔细调查、核实，及时、准确地了解事故原因，并给出妥当的解决方案，做到执法要严，执法要准。

(2) 完善职工福利体系。此次案件的症结点在于王某家庭的意外之灾导致家庭经济出现危机，因此，公司应完善职工福利体系，增加相应福利支出，并及时深入地了解职工本人及家庭生活情况，把握职工心理动态，防止此类悲剧再次发生。

案例4－4　临时工违规操作导致事故，公司能全身而退吗？

案例简介：张某之前在其他地方打临工，由于空闲无事，便主动要求来××市某电力工程有限公司帮忙。出事当天，张某不仅酒后上岗，还不穿工作服，挽着袖子，不戴手套，不佩戴安全帽，不穿绝缘鞋。张某以为裸露的铜丝不带电，贸然将其松动，导致短路发生，张某被电击。北京某电力工程公司随即把张某送往医院，公司法定代表人李某第一时间赶往医院。北京某电力工程公司一直本着积极的态度为其垫付医疗费，办理住院手续。张某母亲承诺出院后把公司垫付的费用返还给公司，公司才为其一直垫付。但是在张某出院后，张某不但不返还公司垫付的医疗费，还向仲裁委员会申请仲裁。

关键词：工伤保险；工伤保险待遇；临时工

法律条文

《中华人民共和国社会保险法》

第三十八条　因工伤发生的下列费用，按照国家规定从工伤保险基金中支付：

（一）治疗工伤的医疗费用和康复费用；

（二）住院伙食补助费；

（三）到统筹地区以外就医的交通食宿费；

（四）安装配置伤残辅助器所需费用；

（五）生活不能自理的，经劳动能力鉴定委员会确认的生活护理费；

（六）一次性伤残补助金和一至四级伤残职工按月领取的伤残津贴；

（七）终止或者解除劳动合同时，应当享受的一次性医疗补助金；

（八）因工死亡的，其遗属领取的丧葬补助金、供养亲属抚恤金和因工死亡补助金；

（九）劳动能力鉴定费。

第四十一条　职工所在用人单位未依法缴纳工伤保险费，发生工伤事故的，由用人单位支付工伤保险待遇。用人单位不支付的，从工伤保险基金中先行支付。

从工伤保险基金中先行支付的工伤保险待遇应当由用人单位偿还。用人单位不偿还的，社会保险经办机构可以依照本法第六十三条的规定追偿。

案例背景

张某之前是在其他地方打临工，因为空闲无事，他才要求来到××市某电力工程有限公司（简称电力公司）干活。张某出事当天喝了两瓶啤酒，未穿工作服，挽着袖子，不戴手套，不佩戴安全帽，不穿绝缘鞋，贸然松动裸露的铜丝，导致意外发生。李某作为公司法定代表人第一时间赶往医院并办理相关事宜。住院期间张某一直由其母亲照顾，医疗费用由电力公司垫付。

案例场景

1. 引言

2016 年 4 月 9 日，张某主动要求来电力公司帮忙做临时工，在双方没有签订劳动合同的情况下参与电力施工。

2. 私自行动

2016 年 7 月 8 日，其他工友说张某喝了两瓶啤酒。其明知酒后不能上岗，张某依旧在电力公司不知情的情况下私自去往施工现场，并且不穿工作服，挽着袖子，不戴手套，不佩戴安全帽，不穿绝缘鞋。在施工现场，张某看到一根裸露的铜丝，贸然将其松动，导致短路发生，张某被电伤。电力公司随即把张某送往医院，公司法定代表人李某也第一时间赶往医院安排住院，后张某经鉴定为工伤八级。

3. 协商未果

张某亲口对李某说，这是他未经允许私自操作导致的结果。但是李某并没有责怪他，而是以同情的心态积极地为其交付医疗费，办理住院手续。事后张某母亲也来到医院，电力公司也积极地与她沟通。之后，张某母亲给李某打电话说，自己经济状况不好，让电力公司先垫付医疗费。张某母亲对李某说老家可以报销，等出院后把公司垫付的费用返还给公司，李某才答应为其垫付。可是张某出院后，不但不返还医疗费，还向仲裁委员会提出仲裁申请。

4. 法律有情

因电力公司对认定工伤决定书、工伤证、劳动能力鉴定、确认结论通知书的真实性不持异议，对上述证据，法院予以采信。法院确认张某与电力公司存在劳动关系。

张某属于电力公司的职工，但电力公司未为其缴纳工伤保险。依据《中华人民共和国社会保险法》第三十八条、《中华人民共和国工伤保险条例》第三十七条的规定，电力公司应支付一次性伤残补助金33000元。因为双方认可劳动关系于2016年7月9日解除，参照《关于××市工伤保险基金支出项目标准及相关问题的通知》的规定，电力公司应支付张某一次性工伤医疗补助金76203元、一次性伤残就业补助金76203元。参照《××市工伤职工停工留薪期管理办法》第二条、《××市停工留薪期分类目录（试行）》的规定，结合劳动能力鉴定、确认结论通知书所载内容，张某的工伤停工留薪期为6个月，电力公司应支付2016年7月9日至2017年1月8日期间的停工留薪期工资18000元。

5. 尾声

在此次案件中，电力公司最终接受了法院的判决。通过此次事件，也给电力公司上了一课。没有签订劳动合同的临时工，由于不遵守规章制度私自行动导致意外，用人单位并不能全身而退。

这次案件双方都有过错。就张某而言，没有遵守规章制度、没有进行安全操作，也没有经过同意就私自行动，最终导致意外发生；就公司而言，没有及时发现张某的违规行为，最终未能阻止意外的发生。

读者要引以为戒，不能让此类事件再次发生。

分析讨论

1. 分析思路

在本案例中，张某身为临时工，在没有与公司签订劳动合同且公司未为他购买工伤保险的情况下，张某依然参加电力公司工作，在工作过程中受伤，张某被鉴定为八级工伤。尽管是因为张某的失职导致事故的发生，但法院认为张某与公司存在劳动关系，再依据《中华人民共和国社会保险法》第三十八条以及《中华人民共和国工伤保险条例》第三十七条、第六十二条第二款的规定，故用人单位需对张某进行相应的赔偿。案例分析思路与步骤如图4－4所示。

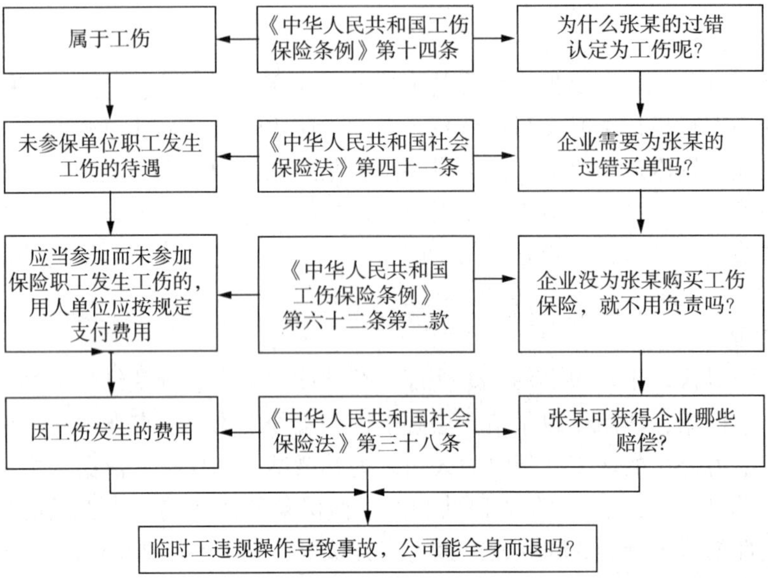

图 4－4　案例分析思路与步骤

2. 问题分析

（1）为什么张某违规操作依然被认定为工伤呢?

【分析依据】

《中华人民共和国工伤保险条例》第十四条。

【案例分析】

根据《中华人民共和国工伤保险条例》第十四条，职工有下列情形之一的，应该认定为工伤：

（一）在工作时间和工作场所内，因工作原因受到事故伤害的；

（二）工作时间前后在工作场所内，从事与工作有关的预备性或者收尾性工作受到事故伤害的；

（三）在工作时间和工作场所内，因履行工作职责受到暴力等意外伤害的；

（四）患职业病的；

（五）因工外出期间，由于工作原因受到伤害或者发生事故下落不明的；

（六）在上下班途中，受到非本人主要责任的交通事故或者城市轨道交通、客车轮渡、火车事故伤害的；

（七）法律、行政法规规定应当认定为工伤的其他情形。

张某虽然没有遵守工作规范，喝了酒，不穿工作服，挽着袖子，不戴手套，不佩戴安全帽，不穿绝缘鞋，但是他在工作时间出现在工作场所，做与工作相关的事情，公司主管未能及时制止他的违规操作，导致张某受伤事故发生，因此被认定为工伤是合法的。通俗地说，工伤认定主要看四个要素：工作时间、工作场所、工作原因和主管要素。

（2）用人单位为什么要对临时工的个人过错买单?

【分析依据】

《中华人民共和国社会保险法》第四十一条。

【案例分析】

未参保单位职工发生工伤时的待遇：职工所在用人单位未依法缴纳工伤保险费，发生工伤事故的，由用人单位支付工伤保险待遇。用人单位不支付的，从工伤保险基金中先行支付。从工伤保险基金中先行支付的工伤保险待遇应当由用人单位偿还。用人单位不偿还的，社会保险经办机构可以依照《中华人民共和国社会保险法》第六十三条的规定追偿。张某虽然是临时工且未签订劳动合同，但是与用人单位存在劳动关系是事实，所以用人单位应为其缴纳工伤保险。

（3）企业没有为张某购买工伤保险，谁负责买单？

【分析依据】

《中华人民共和国社会保险法》第四十一条、《中华人民共和国工伤保险条例》第六十二条第二款。

【案例分析】

依照《中华人民共和国工伤保险条例》规定应当参加工伤保险而未参加工伤保险的用人单位职工发生工伤的，由该用人单位按照本条例规定的工伤保险待遇项目和标准支付费用。虽然企业没有为张某购买工伤保险，但是用人单位还是要依照工伤保险待遇项目和标准支付费用。

（4）张某可获得企业哪些赔偿？

【分析依据】

《中华人民共和国社会保险法》第三十八条。

【案例分析】

电力公司应支付一次性伤残补助金 33000 元，一次性工伤医疗补助金 76203 元、一次性伤残就业补助金 76203 元。张某的工伤停工留薪期为 6 个月，电力公司应支付 2016 年 7 月 9 日至 2017 年 1 月 8 日期间停工留薪期工资 18000 元。

管理启示

随着社会的发展以及国民素质的提高，员工要对自身和用人单位负责，要提高自身素质，学会依靠法律、法规维护自身权益；同时，要减少后续因对法律条款的不明确、对自身的责任不清楚，导致与第三方产生纠纷的可能性，明确工伤保险待遇标准、支付标准及支付范围等。

对于企业而言，第一，企业应及时为员工缴纳工伤保险费用。第二，要加强对员工的管理，完善员工入职、岗前培训等各项工作流程。第三，要加强对一线工作现场的监管，做到及时发现问题及时处理，最大限度地避免事故的发生。例如，在一线工作现场设置检查人员，检查出入工作现场的工作人员是否符合工作规范；若有不符合的，应及时加以制止并令其整改。第四，鼓励员工之间互相监督，并及时制止同事的违规行为。

对于员工而言，第一，确认公司是否按规定为自己缴纳了社会保险；第二，自觉遵守规章制度，严格按照工作规范进行工作，把生命安全放在第一位；第三，自主学习相关法律知识，可以更好地保障自身的权益。

只有用人单位和员工双方共同努力，才能最大限度地避免事故的发生。

附 件

附件1 《中华人民共和国工伤保险条例》第三十七条

职工因工致残被鉴定为七级至十级伤残的，享受以下待遇：

（一）从工伤保险基金按伤残等级支付一次性伤残补助金，标准为：七级伤残为13个月的本人工资；八级伤残为11个月的本人工资；九级伤残为9个月的本人工资；十级伤残为7个月的本人工资。

（二）劳动、聘用合同期满终止，或者职工本人提出解除劳动、聘用合同的，由工伤保险基金支付一次性工伤医疗补助金，由用人单位支付一次性伤残就业补助金。一次性工伤医疗补助金和一次性伤残就业补助金的具体标准由省、自治区、直辖市人民政府规定。

附件2 《中华人民共和国工伤保险条例》第六十二条第二款

依照本条例规定应当参加工伤保险而未参加工伤保险的用人单位职工发生工伤的，由该用人单位按照本条例规定的工伤保险待遇项目和标准支付费用。

附件3 《中华人民共和国工伤保险条例》第六十四条

本条例所称的工资总额，是指用人单位直接支付给本单位全部职工的劳动报酬总额。

本条例所称的本人工资，是指工伤职工因工作遭受事故伤害或者患职业病前12个月平均月缴费工资。本人工资高于统筹地区职工平均工资300%的，按照统筹地区职工平均工资的300%计算；本人工资低于统筹地区职工平均工资60%的，按照统筹地区职工平均工资的60%计算。

附件4 《中华人民共和国民事诉讼法》第六十四条

当事人对自己提出的主张，有责任提供证据。当事人及其诉讼代理人因客观原因不能自行收集的证据，或者人民法院认为审理案件需要的证据，人民法院应当调查收集。人民法院应当按照法定程序，全面地、客观地审查核实证据。

附件5 《关于北京市工伤保险基金支出项目标准及相关问题的通知》

五、工伤职工在终止或者解除劳动关系时，其领取的一次性工伤医疗补助金具体标准为解除或者终止劳动关系时3至18个月的本市上年度职工月平均工资。其中，五级伤残18个月，六级伤残15个月，七级伤残12个月，八级伤残9个月，九级伤残6个月，十级伤残3个月。

用人单位应当支付的一次性伤残就业补助金，按上述标准执行。

八、用人单位未参加工伤保险的，工伤职工应当享受的工伤保险待遇，由用人单位按照国家和本通知规定的项目和标准支付。

附件6 《北京市工伤职工停工留薪期管理办法》第二条

工伤职工停工留薪期是指职工发生工伤或者患职业病后，停止工作接受治疗，继续享受原工资福利待遇的期限。停工留薪期应连续计算。

案例4－5　出差归家不幸亡故，如此工伤认不认？

案例简介：现实中，工伤认定案件的情形多种多样、程序复杂，存在大量分工模糊、职能交叉或起始时间不明确的情况。由于工伤认定的相关标准也较为模糊，给认定主体留下了较大的自由裁量空间，这也是工伤认定中的一大难点。本案例主人公国网某电力公司职工孔某，在去西藏出差返家后突发脑出血身亡，家人在为其进行工伤认定时却与当地人力资源和社会保障局各执一词。员工因工外出的起止时间该如何判定？孔某回家后突发脑出血，所受伤害是否属因工外出期间？人社局是否对孔某的死因负有调查核实的法定职责？这些在《工伤保险条例》中又是如何规定的？

关键词：因工外出期间；工伤保险；行政诉讼

法律条文

《中华人民共和国工伤保险条例》

第十四条　职工有下列情形之一的，应当认定为工伤：

（一）在工作时间和工作场所内，因工作原因受到事故伤害的；

……

（五）因工外出期间，由于工作原因受到伤害或者发生事故下落不明的。

第十五条　职工有下列情形之一的，视同工伤：

（一）在工作时间和工作岗位，突发疾病死亡或者在48小时之内经抢救无效死亡的。

第十九条　社会保险行政部门受理工伤认定申请后，根据审核需要可以对事故伤害进行调查核实，用人单位、职工、工会组织、医疗机构以及有关部门应当予以协助。职业病诊断和诊断争议的鉴定，依照职业病防治法的有关规定执行。对依法取得职业病诊断证明书或者职业病诊断鉴定书的，劳动保障行政部门不再进行调查核实。

职工或者其近亲属认为是工伤，用人单位不认为是工伤的，由用人单位承担举证责任。

案例背景

2018年7月10日，孔某一下班就给妻子冼某打电话，乐呵呵地说道："今天不做饭了，咱出去吃，有好消息告诉你。"冼某一听也乐了，两人一前一后来到了常去的餐馆，点了几个家常菜，冼某便迫不及待地问："快说说，有啥好消息啊？"孔某清了清嗓子，郑重地说道："公司定于7月18日至29日开展藏中和昌都电网联网及川藏铁路拉萨至林芝段供电工程光纤通信工程竣工预验收工作，我作为国网某电力公司信息通信分公司信息通信工程中心副主任，要担任这次预验收现场检查组的专家。16日出发，30日回来。"冼某一听却有些担忧："你都55岁了，还有高血压呢，能不能适应西藏的高原反应哦？"孔某笑着说："你就放心吧，降血压药我天天在吃，现在不是都挺稳定的嘛！这次出差半个月，正好感受下西藏的风土人情！"冼某看着一脸期待的丈夫，也打趣道："那你可得给我带礼物啊，27 日可是我们的结婚纪念日。"

案例场景

1. 引言

这天，冼某正躺在床上翻看着手机日历，想着不知不觉已经 7 月 25 日了，丈夫也出差一个多星期了，这时电话铃声响起，正是孔某的电话。电话里孔某说自己会乘明天一早的飞机回来，说完便匆匆挂了电话。冼某疑惑地想着，出差不是要到 30 日吗？怎么提前回来了？工作提前完成了？难道是为了 27 日的结婚纪念日？可在冼某的印象里，丈夫似乎不是一个特别浪漫的人，就这样隐隐不安地想着，冼某昏昏睡去……

2. 晴天霹雳

2018 年 7 月 26 日，冼某收到丈夫发来的航班消息，说飞机到达时间是 23 时 20 分，并叮嘱她早点休息。冼某想，从机场到家还需要一段时间，这样算下来，丈夫得凌晨才能到家了，于是便按照往常的作息时间休息了。次日凌晨 1 点，孔某终于拖着沉重的行李箱回到家中，冼某听到响动便起了床。一个多星期不见，丈夫比离开时憔悴了许多，冼某关切地问："你是不是不舒服，怎么脸色这么难看？"孔某有些吃力地答道："今天一早就起来赶飞机，奔波了一整天，确实有些不舒服，冒冷汗，心脏跳得厉害，头还疼得慌。今天先不收拾了，睡一觉可能就好了。"冼某应道："那你赶紧休息吧，要是不舒服明天我陪你去医院。"

第二天早晨，冼某想让丈夫多睡一会儿，于是早上就没有喊丈夫起床。眼看快到 10 点了，冼某摇了摇"熟睡的"孔某，喊道"老孔起床了！"可是孔某却一动不动，俯身仔细一看，孔某脸色苍白，冼某突然意识到情况不妙，赶紧颤抖着拨通了急救中心的电话。急救中心出车，10 时 38 分到达孔某家中，确认孔某已死亡。冼某只觉得眼前一片漆黑，巨大的压迫感和绝望让她说不出话，只觉得双腿无法支撑自己，瘫倒在地上。

2018 年 7 月 31 日，冼某接到了社区卫生服务中心出具的《居民死亡医学证明（推断）书》，其中关于孔某致死的主要疾病诊断、疾病名称分别为：（a）直接死亡原因：脑出血；（b）引起（a）的疾病或情况：高血压病；（c）引起（b）的疾病或情况：高原反应。

渐渐从悲痛中冷静下来的冼某开始处理后事。此时，孔某任职的国网某电力公司也开始积极处理孔某的相关保险事宜，并于 2018 年 8 月 17 日向当地人力资源和社会保障局提出工伤认定申请。经过 10 天的等待，2018 年 8 月 27 日，公司收到当地人力资源和社会保障局作出的《不予认定工伤决定书》。

3. 对簿公堂

此后，冼某为了转移自己的注意力，常常使自己处于忙碌之中，时间转瞬即逝。2019 年元旦这天，冼某和亲朋相聚，席间有亲朋问道老孔没有被认定为工伤的原因。回家后辗转反侧，久久不能入眠。回想起 1987 年的 7 月 27 日，自己与丈夫结婚，那天是多么开心，可却在31年后的同一天，与丈夫永远分离，泪水无声地留下，冼某决心要为丈夫讨回公道。

经过一周的准备，冼某聘请刘某和王某两名律师作为委托代理人，于2019年1月8日向当地人民法院提起行政诉讼，将当地人力资源和社会保障局告上了法庭。冼某认为，孔某系因在高原地区出差身体受到伤害最后导致死亡，根据《工伤保险条例》第十四条第（五）项规定：因工外出期间，由于工作原因受到伤害或者发生事故下落不明的，应当认定为工伤。遂请求判决撤销当地人力资源和社会保障局作出的《不予认定工伤决定书》，并判决责令被告重新作出行政行为。被告当地人力资源和社会保障局辩称，根据《工伤保险条例》第十五条第（一）项规定：在工作时间和工作岗位，突发疾病死亡或者在48小时之内经抢救无效死亡的，视同工伤。本案中，孔某并非在工作时间和工作岗位，而是在回家休息后死亡，不符合视同工伤的法定情形，因此不应当认定为工伤。

根据双方作出的陈述和审理查明，当地人民法院认为：本案中，若机械对照《工伤保险条例》第十五条第（一）项规定，孔某的死亡似乎不属于视同工伤的情形。然而，此种处理割裂了事物的相互联系，不能揭示事物的真相。从本案的事实来看，单位批准孔某的出差期限为2018年7月16日—2018年7月30日，孔某于2018年7月27日死亡之时，处于刚刚飞回家之际，尚未至单位办理销假手续，该期间仍属原告诉称的“因工外出期间”的范畴。《工伤保险条例》第十九条前段规定：“社会保险行政部门受理工伤认定申请后，根据审核需要可以对事故伤害进行调查核实，用人单位、职工、工会组织、医疗机构以及有关部门应当予以协助。”众所周知，身处青藏高原，几乎所有的人都有不同程度的高原反应，对于患有高血压病而被派往西藏工作的孔某而言，是因高原反应致死还是由于其他因素所致，被告负有审核并予以澄清的法定职责。换言之，孔某的死因是否与工作有关，被告并未进行调查核实，于此情形，被告作出不予认定工伤的决定其主要证据不足，依法应予撤销。据此，判决撤销被告人力资源和社会保障局作出的《不予认定工伤决定书》，责令被告于本判决生效之日起60日内重新作出行政行为。

2019年12月21日，收到当地人民法院行政判决书的冼某终于舒了一口气，流下了复杂的泪水。

4. 一波未平，一波又起

好景不长，2019年12月31日，当地人力资源和社会保障局因不服当地人民法院的判决，向中级人民法院提起上诉，其上诉称，原审法院认定事实和适用法律错误。（1）原审法院关于孔某因工外出西藏返回家中，仍属于因工外出期间的认定属于认定事实错误。员工因工外出的起始点应为离开公司前往外出地点开始到工作完成返回公司或居住地后结束，此期间应为因工外出期间。本案中孔某完成工作已返回了家中，因工外出状态结束，在家中休息了一晚后才死亡，显然不符合因工外出期间这一特点。（2）本案的争议焦点是孔某死亡的原因是高原反应导致死亡还是自身疾病导致死亡。从医院急救病历和死亡医学证明书来看，孔某死亡的原因是脑出血、高血压等身体疾病导致，并无材料能反映孔某的死亡是高原反应导致。孔某于2018年7月26日上午就乘飞机离开西藏回家。早已离开高原地区，不可能因高原反应导致死亡。（3）原审法院认定上诉人对孔某的死因负有调查核实的法定职责明显错误。上诉人作为工伤认定机关，是对行政相对人提交的证据材料进行审查认定。符合工伤认定条件的认定为工伤，不符合的不认定为工伤，法律赋予上诉人的调查核实权只是针对根据审核需要可以对事故伤害进行调查核实，而不是必须，事实清楚无须调查核实。原审法院无限扩大了上诉人的调查核实权，把原本由申请人提交证据来证明是否属于工伤，变成了由行政机关来调查是否属于工伤，违背了行政确认行为的立法本意。(4) 孔某死亡的时间和地点是凌晨家中，死亡原因是脑出血。综上所述，原审法院认定事实和适用法律错误，特提起上诉，请求二审法院撤销一审判决，依法改判。

冼某在接到上诉状后并没有慌张，因为有了之前的经验以及公司的支持，冼某随即联系了两位律师，经过一番商讨作出以下辩称：(1) 高原反应是伤害的结果，而非致害原因，由此导致的死亡应认定为工伤。从街道社区卫生服务中心出具的《居民死亡医学证明(推断)书》中可以看出，孔某的死亡是由高原反应引发高血压病并引发脑出血导致的。因而，本案的争议焦点在于，高原反应导致的死亡，是属于自身疾病还是事故伤害。高原反应的本质，是外来物理因素给身体带来的不良反应，因此高原反应是伤害的结果，而非致害原因。由此导致的死亡属于外来的、突发的、非本意的、非疾病的客观事件直接致使身体受到的伤害。孔某在高原工作10余天中，因高原低氧低压导致身体受到了伤害，并最终诱发高血压病导致死亡，符合《工伤保险条例》第十四条第（五）项的规定，应当认定为工伤。(2) 孔某尚未办理销假手续，死亡的时间属于因工外出期间。因工外出期间是从离开单位到回到单位的期间，根据各方均已认可的事实，孔某从西藏返回家中时已是凌晨，客观上不具有返回单位汇报工作办理销假手续的可能性，上午即已身体不适并陷入昏迷，急救车到达现场时已经死亡，时间间隔仅不到10个小时，此时其单位批准的出差期限尚未结束。不能因孔某在家中去世就认定其“因工外出期间”已经结束，而应当以返回单位办理销假手续作为因工外出的终点。(3)《居民死亡医学证明（推断）书》中已经能够反映出孔某的死亡原因与高原反应有因果关系。人社局虽不认可孔某的死亡与高原反应之间的因果关系，但未提出相反证据予以反驳，亦未举证证明孔某的死亡是由何种原因导致的。综上所述，人社局的上诉理由没有事实和法律依据，请求二审法院驳回上诉，维持原判。

最终，中级人民法院于2020年6月15日作出驳回上诉，维持原判的终审判决。

5. 尾声

历时近两年，冼某终于等来想要的答案，这些经历让她体会到意外伤害可能离日常生活并不遥远，这让她更加珍惜与亲人、朋友在一起的日子，也意识到要以积极的心态去看待生活，用法律武器捍卫自己的权益，相信法律是公正的。

分析讨论

1. 分析思路

本案例由问题出发，通过冼某与当地人力资源和社会保障局双方的两次博弈，得到孔某能否被认定为工伤的答案。案例详细分析思路与步骤如图4-5所示。

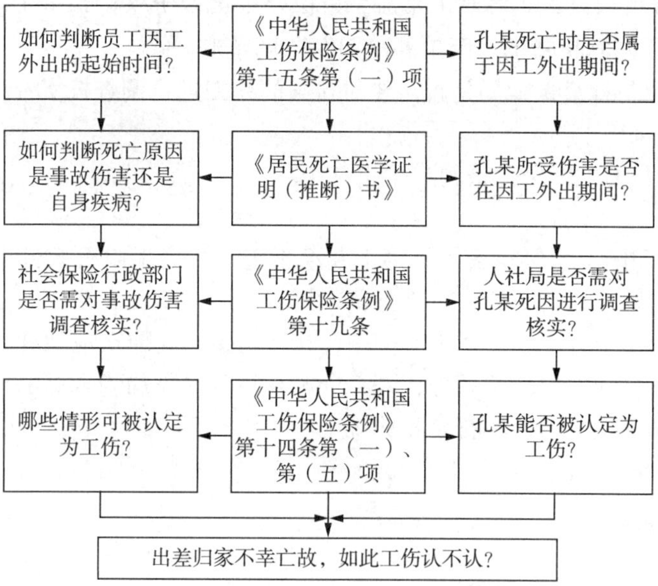

图 4－5　案例详细分析思路与步骤

2. 问题分析

（1）孔某所受伤害是否在因工外出期间？

【分析依据】

《中华人民共和国工伤保险条例》第十四条第（五）项，《居民死亡医学证明（推断）书》。

【案例分析】

《中华人民共和国工伤保险条例》第十四条第（五）项规定，因工外出期间，由于工作原因受到伤害，应当认定为工伤。孔某死亡前，被单位派往西藏参加国家电网公司信息通信分公司组织的藏中和昌都电网联网及川藏铁路拉萨至林芝段供电工程光纤通信工程竣工预验收工作，孔某回到家中之前，已在高原工作 10 天。参考街道社区卫生服务中心出具的《居民死亡医学证明（推断）书》，造成孔某死亡的原因疑似脑出血，而孔某自身的高血压是造成死亡的基础疾病，在西藏遭遇的高原反应是诱发因素，上述医学证明并未排除高原反应因素。虽然孔某在家中死亡，但高原反应在孔某出差期间一直持续，可以推定孔某所受伤害（高原反应）在因工外出期间。

（2）孔某死亡时是否属于因工外出期间？

【分析依据】

《中华人民共和国工伤保险条例》第十五条第（一）项。

【案例分析】

《中华人民共和国工伤保险条例》中规定满足其第十五条第（一）项规定，视同工伤。在本案例中，若机械对照该项规定，孔某的死亡似乎不属于视同工伤的情形。然而，此种处理割裂了事件的相互联系，不能揭示事件的真相。从本案的事实来看，单位批准孔某的出差期限为 2018 年 7 月 16 日—2018 年 7 月 30 日；7 月 26 日 23：20 飞机降落到单位所在地机场，孔某凌晨到家，客观上未能至单位办理销假手续；孔某于2018年7月27日10：38确认死亡，该期间属于“因工外出期间”的范畴。

（3）人力资源与社会保障局是否需要对孔某的死因进行调查核实？

【分析依据】

《中华人民共和国工伤保险条例》第十九条。

【案例分析】

《中华人民共和国工伤保险条例》第十九条规定，社会保险行政部门受理工伤认定申请后，根据审核需要可以对事故伤害进行调查核实，用人单位、职工、工会组织、医疗机构以及有关部门应当予以协助。在本案例中，孔某是否因高原反应致死、是否有其他因素以及各因素与死亡之间的因果关系等，人力资源和社会保障局均未做必要的调查，就直接作出不予认定工伤决定，因此不符合相关规定。

管理启示

在本案例中，冼某发起行政诉讼的原因，主要是当地人力资源和社会保障局在受理工伤认定申请后，在未对事故伤害进行调查核实的情况下，直接作出不予认定工伤决定。

因此，对基层人力资源和社会保障局来说，应优化服务机制，创新监管机制，以服务机制的优化提升服务水平，开展精细化管理。

对用人单位、职工、工会组织、医疗机构以及有关部门来说，应积极配合调查核实，以确保工伤认定的准确性和公平性。

此外，用人单位的管理者在选派特殊环境下的因工外出人员时，要将职工的身体素质条件考虑在内，进行人性化管理，以减少发生不确定事件的可能性。

第五章　失业保险案例

失业保险是社会保障体系的重要组成部分，是社会保险的主要项目之一。在我国劳动力供大于求、经济结构进行重大调整的形势下，员工面临失业的概率大大增加。国家通过立法强制要求由社会集中建立基金，为因失业而暂时中断生活来源的劳动者提供物质帮助，进而保障失业人员失业期间的基本生活，促进其再就业。然而，只要失业就一定能领取失业保险金吗？本章聚焦失业人员失业保险金的领取条件及领取年限的纠纷，通过对起因、经过及结果的分析，结合电力公司实际，有针对性地进行深入剖析。通过阅读本章各案例可以了解以下几点：

（1）失业保险征缴年限与离职意愿对于领取失业金的影响。

（2）符合哪些条件的失业人员可以领取失业保险金。

案例5－1　征缴年限与离职意愿——老板与员工孰是孰非？

案例简介：关于失业保险纠纷，多数是因失业保险征缴年限与员工离职意愿引发的。本案例主人公吴某所在的公司拖欠其2个月工资后，并在吴某已在职11个月后将其辞退，将社会保险停保手续上的离职意愿更改为员工主动离职。吴某在求职期间，向当地社会保险经办机构申报一次性生活补助金（失业保险金）遭到拒绝，并得知是因离职意愿与征缴年限所致。吴某在与前公司经理沟通无果后遂申请仲裁，最后，仲裁委员会根据相关法律条文驳回吴某要求。此事责任由谁承担？损失由谁负责？失业保险条例中又是如何规定的呢？

关键词：失业保险；征缴年限；离职意愿；一次性生活补助金

法律条文

《中华人民共和国社会保险法》

第四十五条　失业人员符合下列条件的，从失业保险基金中领取失业保险金：

（一）失业前用人单位和本人已经缴纳失业保险费满一年的；

（二）非因本人意愿中断就业的；

（三）已经进行失业登记，并有求职要求的。

第五十七条　用人单位应当自成立之日起三十日内凭营业执照、登记证书或者单位印章，向当地社会保险经办机构申请办理社会保险登记。社会保险经办机构应当自收到申请之日起十五日内予以审核，发给社会保险登记证件。

《中华人民共和国劳动合同法》

第三十八条　用人单位有下列情形之一的，劳动者可以解除劳动合同：（一）未按照劳动合同约定提供劳动保护或者劳动条件的；（二）未及时足额支付劳动报酬的；（三）未依法为劳动者缴纳社会保险费的；（四）用人单位的规章制度违反法律、法规的规定，损害劳动者权益的；（五）因本法第二十六条第一款规定的情形致使劳动合同无效的；（六）法律、行政法规规定劳动者可以解除劳动合同的其他情形。用人单位以暴力、威胁或者非法限制人身自由的手段强迫劳动者劳动的，或者用人单位违章指挥、强令冒险作业危及劳动者人身安全的，劳动者可以立即解除劳动合同，不需事先告知用人单位。

案例背景

吴某经朋友介绍跳槽至一家处于筹建期的公司，自 2016 年 3 月起与公司签订书面协议，筹建期公司以现金形式支付吴某工资，未提及社会保险缴纳事宜。2016 年 7 月 12 日公司成立后，与吴某签订期限为 2016 年 7 月 12 日起至 2018 年 7 月 11 日止的劳动合同，但在 2017 年 4 月，由于公司拖欠吴某工资导致双方产生纠纷。2017 年 6 月 5 月，公司将其开除，解除双方劳动关系。吴某在求职期间领取失业保险金遭拒，得知公司为其缴纳社会保险金期限不满一年且离职意愿为主动辞职，故不具备领取失业保险金的资格。

案例场景

1. 引言

夏日，下午两点钟，吴某坐在街边长椅上，旁边放着一个空矿泉水瓶和一个吃了一半的面包，街上行人寥寥无几。为了不耽误两点半的一场面试，此时吴某只能在路边长椅上稍做休息。在面试接连碰壁后，他不知道下午这场面试能否顺利通过，毕竟目前对他来说一份工作至关重要。然而，一个月前他的工作还做得顺风顺水，从来不曾想到自己会落到如今这种尴尬的境地，不但挤破脑袋去竞争岗位，并且连领取失业保险金的资格都没有了。失去了基本生活保障，让吴某一筹莫展，他更加急于寻找一份工作养家糊口。事情的缘由，还要从吴某就职的上一个公司（下称某公司）说起。

2. 被“辞职”

2016 年 3 月，吴某经朋友介绍进入一家正在筹建的某公司工作，负责帮助老板进行前期筹建和策划，由于当时企业营业执照没有批下来，故吴某只能与老板签订一份书面协议，协议约定在公司成立前，老板以现金形式每月发给吴某 4000 元工资。书面协议上并未提及缴纳社会保险之事，吴某以为公司成立以后会为其补缴，便不再多问。2016 年 7 月公司正式成立，2016 年 7 月 12 日，35 岁的吴某与某公司（法定代表人：肖某）签订《劳动合同书》，约定吴某到某公司担任行政部门主管，劳动合同期限为 2016 年 7 月 12 日起至 2018 年 7 月 11 日止，基本工资为 5000 元/月，加上各种绩效工资，每个月的收入非常可观，吴某欣然接受了这份工作，并在自己的岗位上兢兢业业，认真负责。但是好景不长，2017 年 4 月公司开始拖欠吴某工资，部分公司员工的工资发放形式改为现金发放且金额属实；公司的法定代表人肖某下落不明且公章由其保管；公司每月工资发放由法定代表人委托公司办公室主任、会计、副总经理审核同意即可，肖某不需要在工资表上签字。而此时，公司已经拖欠吴某两个月工资，吴某几次带领未发放工资的员工去向领导讨要，与经理多次起争执，直到 2017 年 6 月 5 日上午，公司以吴某与公司发展战略不匹配、不适合公司为由，将吴某开除，并支付 4 月、5 月拖欠吴某的部分工资，自此，双方解除劳动合同。

3. 失业保险领取遭拒

之后，吴某便开始了漫漫求职之路，在好友的提醒下，他想起自己可以去社保经办单位领取自己的失业保险金暂时补贴家用，不料却被告知某公司在为吴某办理社会保险停保手续时，离职原因栏填写的是吴某主动辞职，并且单位为吴某缴纳社会保险金不满一年，因此吴某不具备领取资格，这对没有经济来源的吴某来说，无疑是雪上加霜。吴某想，自己明明是从 2016 年 3 月入职，2017 年 6 月离职，担任岗位工作超过一年，但如今却被告知单位为其缴纳社保未超过一年时间，并擅自修改其离职意愿。他愤怒之余，匆忙打电话询问前总经理相关事宜，并寻求解决之策。经理安慰他一番，并承诺问清楚情况后再给予回复。挂断电话，吴某心中仍然惴惴不安，开始查阅相关失业保险条例，并咨询身边的亲朋好友。

4. 孰是孰非？法律知晓

随着接连一个星期的面试无果，简历石沉大海，而关于失业保险金，某公司仍坚持无支付失业保险待遇的义务，相关事项可找社会保险经办单位给予解决，与公司无关。沟通无果后，吴某认为因公司未足额为其缴纳失业保险金，并将离职原因由公司开除改为主动辞职，使其领取一次性生活补助金（社会保险金）遭到拒绝。为维护自身合法权益，吴某决定申请劳动仲裁。仲裁委员会了解前因后果后，根据相关法律条文驳回吴某的要求，吴某最终没有领到失业保险金。

5. 尾声

吴某在此事中看似无辜，先是经历被拖欠工资，之后在即将满一年工作期限时“被离职”，最后失业保险金领取遭拒，但正是由于吴某缺乏法律知识，才导致在整个事件中处于如此被动地位。虽然吴某的诉求未得到满足，但经此一事，会更加懂得法律的权威性与公正性，相信吴某在今后的工作中能更加正确地运用法律武器来维护自身合法权益。

分析讨论

1. 分析思路

吴某在 2016 年 3 月通过书面协议与处于筹建期的某公司建立劳动关系，未提及社会保险缴纳事宜。2016 年 7 月 12 日公司成立后，公司与吴某签订劳动合同期限为 2016 年 7 月 12 日起至 2018 年 7 月 11 日止的劳动合同，吴某成为正式员工。2017 年 4 月公司拖欠吴某工资，2017 年 6 月 5 日公司将其开除，双方解除劳动关系。因吴某领取失业保险金遭拒，吴某要求前公司补缴公司筹建期本人的社会保险费，并请求仲裁委员会援助。案例详细分析思路与步骤如图 5－1 所示。

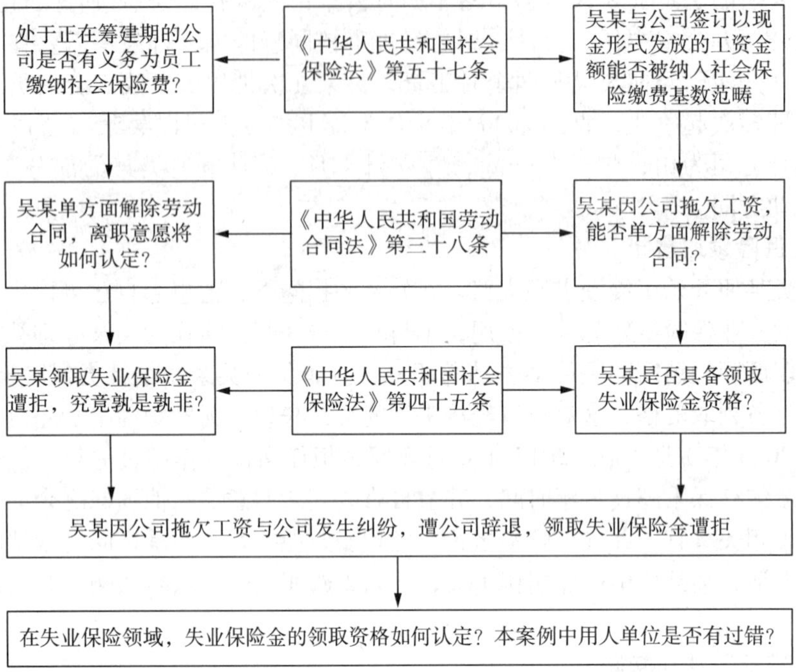

图 5－1　案例详细分析思路与步骤

2. 问题分析

（1）案例中，吴某在公司筹建期与公司签订的协议是否有法律效力？筹建期用人单位是否有义务为吴某缴纳社会保险费？

【分析依据】

《中华人民共和国社会保险法》第五十七条。

【案例分析】

根据《中华人民共和国社会保险法》第五十七条的规定，在 2016 年 3 月至 2016 年 7 月期间公司处于筹备期，没有营业执照，不具备办理社保登记的资格。在此期间，公司不能为员工缴纳社会保险费，因此计算社保缴费年限时，筹建期不在计算范畴。

（2）公司拖欠员工工资后，员工能否单方面解除劳动合同？社保经办机构对吴某的离职意愿将如何认定？

【分析依据】

《中华人民共和国劳动合同法》第三十八条。

【案例分析】

《中华人民共和国劳动合同法》第三十八条第一款规定，用人单位有下列情形之一的，劳动者可以解除劳动合同：……（二）未及时足额支付劳动报酬的……。因此吴某在公司拖欠其两个月工资的情况下有理由申请解除劳动合同，符合该条法律规定，公司应付全部责任，因此离职意愿不会妨碍吴某领取失业保险金。但当时吴某并未提出解除劳动合同关系，直到2017年6月5日，公司主动提出开除吴某，双方才终止合同关系。

（3）吴某是否具备领取失业保险金资格？公司修改离职意愿做法是否违反法律规定？

【分析依据】

《中华人民共和国社会保险法》第四十五条。

【案例分析】

根据《中华人民共和国社会保险法》第四十五条规定，吴某系公司开除，属于非因本人意愿中断就业，但由于筹建期不被纳入社会保险缴费年限，所以吴某作为正式员工的年限仅为11个月，与公司劳动关系存续期间不足一年，因此无论公司停保的理由为何，也无论公司是否为其足额缴纳保险金，吴某均不具备领取失业保险金的条件，因此最终判决公司无须向吴某支付一次性生活补助金（失业保险待遇损失）。但是公司更改员工离职意愿的做法是不正确的，若因公司更改员工离职意愿导致吴某丧失领取失业保险金权利，则该公司应当负全部责任并赔付吴某的全部损失。

管理启示

随着经济的发展，失业保险制度的作用也从最初的保障失业人员的基本生活水平、维护社会稳定与发展扩大到促进就业。但有关失业保险纠纷的案例层出不穷，也客观地反映出我国失业保险制度的不足之处。企业要明确自身责任，不要"钻空子"，为员工缴纳失业保险是强制性的，要对相关法律理解通透，并严格按照法律程序为员工办理社会保险，避免产生不必要的纠纷。此外从制度层面来讲，一方面，失业保险需要进一步完善制度设计、扩大覆盖面，切实提高保障水平和保障能力；另一方面，应提高失业保险基金收支在应对经济波动方面的灵活性，充分发挥其宏观上调节需求、平滑波动的功能，随着参保率的提高和基金规模的加大，这方面的空间也将随之拓展。

附　件

1.《中华人民共和国社会保险法》第四十五条

【解读】本条系关于失业人员领取失业保险金条件的规定。

（1）失业人员

失业人员是指在劳动年龄内（16～60岁）有劳动能力，目前无工作但正以某种方式寻找工作的人员，包括就业转失业的人员和新生劳动力中未实现就业的人员。本法所指失业人员只限定为就业转失业的人员。

（2）失业保险基金

失业保险基金是国家通过立法建立的支付失业保险待遇的资金，主要用于保障失业人员基本生活的支出，包括支付失业保险金，支付领取失业保险金期间的医疗补助金，支付领取失业保险金期间死亡的失业人员的丧葬补助金和其供养的配偶、直系亲属的抚恤金等。

（3）领取失业保险金应具备如下条件：①失业前用人单位和本人已经按照规定缴纳

失业保险费满一年的。②非因本人意愿中断就业，一般是指终止劳动合同的，被用人单位解除劳动合同的，被用人单位开除、除名和辞退的，以及因用人单位用工不当而依法与用人单位解除劳动合同的。③已进行失业登记，并有求职要求的。失业登记是失业人员进入申领失业保险待遇程序的重要标志。失业人员享受失业保险待遇，还须有求职要求。在认定失业人员是否有求职要求时，一般以其是否在职业介绍机构登记求职，并参加再就业活动为衡量的标准。

(4) 失业保险金的发放

失业保险金由社保经办机构按月发放，失业人员凭社保经办机构开具的单证到指定银行领取失业保险金。

2. 《中华人民共和国社会保险法》第五十七条

【解读】本条系关于用人单位社会保险登记的规定。

成立登记：用人单位一经成立即应自成立之日起30日内凭营业执照（针对公司、非公司企业法人、个人独资企业、合伙企业和个体工商户等营利性组织）、登记证书（针对事业单位、社会团体、民办非企业单位等非营利组织）或者单位印章（针对党政机关、人民团体等依法不属于登记范围内的组织），向当地社保经办机构申请办理社会保险登记。

案例5-2 失业人员都可以领取失业保险金吗？

案例简介：在进入工作岗位后，“失业”并不遥远，现在许多年轻人也会频繁“跳槽”。如何应对失业给自己的家庭和生活带来的突然冲击？“五险一金”中的失业保险，就能在这个时候给予帮助。然而，很多员工没有认识到失业保险的作用，及时领取失业保险金，享受合法的待遇。本案例以某机械加工企业的员工失业后遇到的关于领取失业保险金的问题为主线，揭示失业人员在领取失业保险金过程中遇到的困难，探讨解决方案，以期提高职工对失业保险的认识，并对职工失业后领取失业保险金有一定的启示和借鉴。

关键词：失业人员；失业保险金；领取期限；自愿离职

法律条文

《中华人民共和国社会保险法》

第四十四条　职工应当参加失业保险，由用人单位和职工按照国家规定共同缴纳失业保险费。

第四十五条　失业人员符合下列条件的，从失业保险基金中领取失业保险金：

（一）失业前用人单位和本人已经缴纳失业保险费满一年的；

（二）非因本人意愿中断就业的；

（三）已经进行失业登记，并有求职要求的。

第四十六条　失业人员失业前用人单位和本人累计缴费满一年不足五年的，领取失业保险金的期限最长为十二个月；累计缴费满五年不足十年的，领取失业保险金的期限最长为十八个月；累计缴费十年以上的，领取失业保险金的期限最长为二十四个月。重新就业后，再次失业的，缴费时间重新计算，领取失业保险金的期限与前次失业应当领取而尚未领取的失业保险金的期限合并计算，最长不超过二十四个月。

第五十条　用人单位应当及时为失业人员出具终止或者解除劳动关系的证明，并将失业人员的名单自终止或者解除劳动关系之日起十五日内告知社会保险经办机构。失业人员应当持本单位为其出具的终止或者解除劳动关系的证明，及时到指定的公共就业服务机构办理失业登记。失业人员凭失业登记证明和个人身份证明，到社会保险经办机构办理领取失业保险金的手续。失业保险金领取期限自办理失业登记之日起计算。

案例背景

本案例针对J公司遇到的有关失业保险纠纷的不同情形进行汇总，分别描述了J公司中几位员工在领取失业保险金时遇到的一些难题。其中，孙某因长期请假、旷工被辞退而未领到失业保险金；赵某想领取42个月的失业保险金而未得偿所愿；小刘、小李和小杨同时离职，而他们失业保险金的领取情况却大不相同；胡某因为是农民工却被告知未缴纳失业保险费。通过对不同场景的描述对比，有助于加深对有关失业保险部分条例的理解。

案例场景

1. 引言

“怎么回事，这个月的业绩怎么又这么差?”J公司总经理气愤地责问。近几个月，J公司业绩处于持续下滑甚至亏损状态。傍晚五点，本该是下班时间，可J公司的会议室里，各个部门的经理悉数到场，讨论公司的业绩下滑问题。人力资源部的经理说，这几个月，员工迟到、旷工的现象增加，并且车间绩效较差；车间主任反映，由于人员饱和，员工们的工作效率低，出现严重的怠工现象等。会议中，领导决定裁员以节省公司的人力成本。很快，办公室里、车间里员工们也在悄悄谈论着这个话题。

2. 我是非自愿失业的

孙某是企业的职能职工，前几个月经常请长假和长期旷工，单位多次要求其正常上班，但他始终置之不理。这次单位对他出具了因长期离职而予以除名处理的书面通知。孙某持除名通知等相关手续要求失业保险经办机构为其发放失业保险金，孙某会如愿领到失业保险金吗?

3. 我应该领取42个月的失业保险金

赵某今年41岁，他在35岁时因某些原因失业后，开始领取失业保险金。本来他可以领取24个月的失业保险金，可刚领了6个月，就赶上J公司招用车工，恰巧被招了进去，停止了领取失业保险金。现因J公司效益不佳，被解除劳动合同，赵某因此失业。赵某认为，他应该领取24个月加上次未领取的18个月的失业保险金。赵某的要求合理吗?

4. 我为什么不可以领失业保险金?

2018 年 6 月，小刘、小李和小杨大学毕业，三人同一时间入职 J 公司工作。在公司工作刚满一年，公司裁员的时候把小刘和小杨裁掉了。小李想换一份工作，便主动递交了辞职报告。

小杨在被辞退前多次督促公司人事部到社保局办理失业报备，并积极参加失业保险机构组织的培训；小刘也进行了失业登记，但劳动就业部门工作人员给小刘打电话，通知其有合适的工作机会或者有相关的职业培训时，小刘总是以各种借口拒绝；小李根据失业金领取流程办理了失业保险登记。三人能否如愿领取失业保险金?

5. 农民工能领失业保险金吗?

胡某是 J 公司农民合同制工，在该企业工作已经 2 年，企业为其缴纳了各项社会保险费。此次裁员时，经协商，双方解除劳动关系，于是胡某回家待业。他发现其他同事都定期向社保经办机构领取失业保险金，而自己却不能领取，感觉非常纳闷。向企业人事部门的工作人员咨询，给予的答复是因为其是农民工，公司未为其缴纳失业保险费，故不应当享有失业保险金。农民工失业后可以领取失业保险金吗?

6. 尾声

最终的结果是，孙某和小李没有领到失业保险金；赵某可以领取 24 个月的失业保险金；小杨在领了 3 个月失业保险金之后就找到了一份好工作；而小刘无法继续享受失业保险待遇；农民工胡某失业后同样享有领取失业保险待遇的权利。在失业期间，失业人员除可领取失业保险金用于保障失业人员的基本生活，还可以享受一些待遇，如继续参加职工基本医疗保险，享受基本医疗保险待遇；享受职业培训、职业介绍补贴等。失业人员需要主动咨询，维护自己的合法权益。

分析讨论

1. 分析思路

本案例分别描述 J 公司里几位员工在领取失业保险金时遇到的一些难题。其中，孙某因长期请假旷工被离职而未领到失业保险金；赵某想领取 42 个月的失业保险金而未如愿；小刘、小李和小杨同时离职而失业保险金的领取情况大不相同；胡某作为农民工却被告知未缴纳失业保险金。几条不同人物线的案例场景如图 5-2 所示。

2. 问题分析

(1) 同为被公司辞退，孙某和小杨、小刘均能如愿领取失业保险金吗?

【分析依据】

《中华人民共和国社会保险法》第四十五条、第五十条。

【案例分析】

根据《中华人民共和国社会保险法》第四十五条规定，失业保险经办机构认为，非因本人意愿中断就业是指劳动者不愿意中断就业，但因本人无法控制的原因而被迫中断就业。也就是说，劳动者主观上并不愿意中断就业，而事实上被迫中断了就业。因本人意愿中断就业是指劳动者不愿意从事现有工作而中断就业，一般有两种表现：一种是劳动者主动提出辞职要求，另一种是劳动者采取消极怠工的办法（如长期旷工、长期离职、自动离职等），迫使单位提出解除劳动关系（在这个时候用工单位也处于被动地位），也就是说劳动者主观上愿意中断现有的工作，并且事实上也达到了这一目的，只是在形式上没有主动提出辞职要求。

孙某肯定懂得长期旷工和离职的后果，单位通知他正常上班，但他仍然我行我素。因为消极怠工和旷工对他有益无损，单位奈何不了他，表面上看是单位提出解除劳动关系的，但事实上这是由于孙某长期旷工和离职所导致的。孙某拒不接受单位的劝告，长期旷工和离职的行为显然是属于因本人意愿中断就业，因此不能享受失业保险待遇。

小刘虽然并非自愿失业，但由于其没有相应的求职要求，因此其不符合领取失业保险金的全部条件。

根据《中华人民共和国社会保险法》第五十条规定，领取失业保险金的前提是要到社保局办理失业报备，所以小杨在被辞退后多次督促公司人事部到社保局办理失业报备。办理报备后，小杨在办理离职手续时，就得到了当地失业保险经办机构回复的审核意见。小杨的失业登记经过核查后属于合格，他也很快接到了失业保险机构的电话，通知他去培训并可领取失业金。当以上手续办理妥当后，小杨在次月便领取了失业保险金。

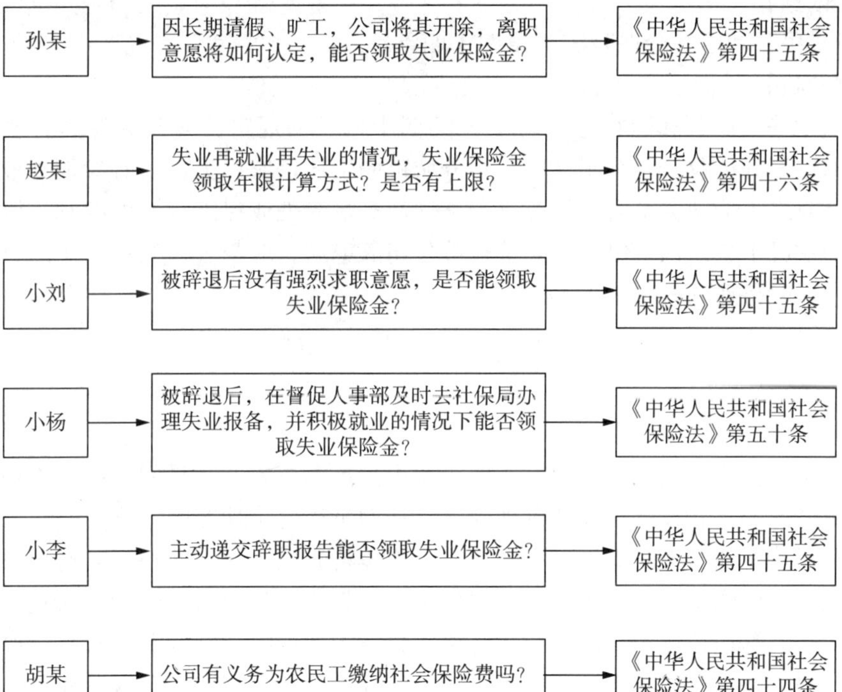

图 5－2　几条不同人物线的案例场景

（2）赵某的要求合理吗？

【分析依据】

《中华人民共和国社会保险法》第四十六条。

【案例分析】

根据《中华人民共和国社会保险法》第四十六条的规定，失业保险金的发放期限是根据失业人员失业前累计缴纳失业保险费的时间确定的。累计缴费时间满 10 年以上的，领取失业保险金的期限最长为 24 个月。重新就业后，再次失业的，缴费时间重新计算，领取失业保险金的期限可以与前次失业应领取而尚未领取的失业保险金的期限合并计算，但是最长不得超过 24 个月。虽然赵某的上次失业未领取的年限和这次的应领取年限应该合并计算，但是最多不能超过 24 个月，因此他总共只能领取 24 个月的失业保险金，赵某的要求不合理。

（3）小李能领取到失业保险金吗？

【分析依据】

《中华人民共和国社会保险法》第四十五条。

【案例分析】

根据《中华人民共和国社会保险法》第四十五条的规定，小李是本人自己主动离职的，不符合非因本人意愿中断就业的失业保险金领取条件，故不能成功领取失业保险金。

（4）农民工胡某失业后可以领取失业保险金吗？

【分析依据】

《中华人民共和国社会保险法》第四十四条。

【案例分析】

根据《中华人民共和国社会保险法》第四十四条的规定，失业保险具有普遍性的特点，参保单位不分行业、所有制性质，不分城镇职工还是农民工，所有参加失业保险的职工，在解除或终止劳动关系后，只要符合条件都有享受失业保险待遇的权利。因此用人单位有义务为农民工缴纳社会保险，胡某在被公司辞退后，应与公司其他员工一样，同样享有领取失业保险待遇的权利。

管理启示

政府在重视失业福利待遇的同时，应当意识到推动再就业才是问题的根本所在，应根据各地实际情况的差异设置不同的管理模式，从而平衡各个地方的经济发展。

公司在对待企业员工时应该一视同仁，不应该将农民工区别对待；同时要加强对员工有关社会保险方面的培训，深入学习法律、法规，强化员工观念的转变，避免出现消极怠工直至公司将其辞退还认为自己是非自愿离职具备失业保险金领取资格的错误观念。

员工自身要加强法律相关知识的学习，不违反法律、法规才是对自身利益的维护。

第六章　社会保险征缴、经办、监督案例

为员工缴纳社保是每个遵纪守法的企业应尽的义务，合理征收社会保险是社保经办机构的职责。随着社会保险制度的完善，参保人数和基金规模的快速增长，对用人单位、个人甚至政府机构遵守社会保险法律、法规情况的监督也愈加重要。透彻学习社保相关法律法规及实际运用案例，对于企业人力资源正常有序运转具有重要意义。本章重点聚焦社会保险征缴、经办及监督三个方面的问题，针对相关案例纠纷中的争议焦点进行分析，通过阅读本章各案例可以了解以下几点：

（1）工龄工资制的社会保险缴费基数核定。

（2）针对不同用工方式的社保征缴。

（3）社保费转为税务部门统一征收后，企业用工成本的变化。

（4）个人与所在用人单位发生社会保险争议时的解决途径。

（5）社会保险费征收机构不履行职责时的解决方法。

案例6－1　工龄工资制的社保缴费基数核定——证据规则差异下的困惑

案例简介：近年来，伴随员工离职率逐年升高的现状，工龄工资制应运而生。作为企业分配制度的一个重要组成部分，工龄工资制在很多公司的应用都大大降低了员工的流动率，提高了组织忠诚度，使员工与企业达到双赢。某新能源公司便是其中的一个受益者，然而却不曾想到，在受益的同时，工资制度会引发员工与公司之间关于社保纠纷的“闹剧”。案例中的主人公李某在该公司担任工程师职务，并曾约定了缴纳社会保险的基数，但其离职时发现，公司未按应得的社会保险基数足额缴纳社会保险费。李某申请仲裁委员会以劳动合同约定的基本工资为标准计算应缴纳的社保费，得到的审判结果比他自己计算的金额低了2万多元，并且试用期期间公司并未按规定为其缴纳社会保险金。李某满心困惑，申请法院审理，法院以李某上年月平均工资为标准进行核定。仲裁委员会与法院审判结果有差异的原因是什么？李某能否维护自身合法权益？究竟谁对谁错？社会保险条例中又作何规定？

关键词：工龄工资制；社保缴费基数；基本工资；年平均工资

法律条文

《中华人民共和国劳动合同法》

第十条　建立劳动关系，应当订立书面劳动合同。

已建立劳动关系，未同时订立书面劳动合同的，应当自用工之日起一个月内订立书面

劳动合同。

用人单位与劳动者在用工前订立劳动合同的，劳动关系自用工之日起建立。

《中华人民共和国劳动法》

第七十二条　社会保险基金按照保险类型确定资金来源，逐步实行社会统筹。用人单位和劳动者必须依法参加社会保险，缴纳社会保险费。

《中华人民共和国社会保险法》

第六十条　用人单位应当自行申报、按时足额缴纳社会保险费，非因不可抗力等法定事由不得缓缴、减免。职工应当缴纳的社会保险费由用人单位代扣代缴，用人单位应当按月将缴纳社会保险费的明细情况告知本人。无雇工的个体工商户、未在用人单位参加社会保险的非全日制从业人员以及其他灵活就业人员，可以直接向社会保险费征收机构缴纳社会保险费。

《中华人民共和国劳动保险条例实施细则修正草案》

具有下列情况之一的，作为本企业连续工龄计算：

（1）凡经企业管理机关、企业行政方面调动工作的，其调动前后的企业工龄连续计算；

（2）经企业管理机关、企业行政方面调派国内外学习的，其学习时间及调派前的本企业工龄连续计算；

（3）因企业停工歇业或缩减生产，其工人、职员经企业管理机关调派至其他企业工作的，其调派期间及其前后的企业工龄连续计算；

（4）被遣散的工人、职员在该企业复工、复业或扩大生产时仍回本企业工作的，其遣散前和复工后的本企业工龄应合并。

案例背景

李某自2014年3月进入某新能源公司担任工程师一职，2014年5月转正后与公司签订了为期三年的劳动合同，正式建立劳动关系，并书面协议确认公司以基础工资的标准作为缴纳社会保险费基数。公司采用结构工资制与工龄工资制相结合的薪酬标准，2015年5月起李某收入为6000元/月，2016年5月开始工资为6500元/月，2017年4月合同到期，公司通知李某不再续订劳动合同，自此双方解除劳动关系。但在离职时，李某发现公司未缴纳其试用期期间的社会保险费，在工龄工资制驱动下，李某的工资逐年上涨，但公司缴纳的社会保险基数却始终不变，对此李某心存异议。

案例场景

1. 引言

周五下午六点钟的公交车上，李某结束了一天的高强度工作，即将迎来美好的周末，但是他的心里没有半点轻松。打开手机想缓解一下不安的情绪，推送的新闻大抵都是“社保补缴要抓紧”“2017 社保政策解读”等类似的内容。最近李某身陷一场社保纠纷中，他急于通过微博、微信公众号、抖音等各种社交平台恶补社保方面的知识，究其源头，就是上个公司的工龄工资制。目前正焦灼地等待着法院审判结果的李某，害怕会得到跟上次在仲裁委一样的审判结果，毕竟这笔钱对他来说不是一个小数目。事情得从一份离职协议说起……

2. 另谋高就

2014 年 3 月，李某进入某新能源公司担任工程师一职，试用期两个月，试用期工资为 3500 元/月。2014 年 5 月，转正后正式与公司签订劳动合同，基础工资为 4000 元/月，采用结构工资制与工龄工资制相结合的标准。公司与李某约定，以基础工资的标准作为缴纳社会保险费基数，李某虽然心存异议，但为了能够长期在公司工作，便在合约书上签字同意。按照工龄工资制的相关规定，2015 年 5 月起李某收入为 6000 元/月，2016 年 5 月开始工资为 6500 元/月，2017 年 4 月公司在合同终止时通知李某不再续订劳动合同，李某并未感到失落，相信凭借自己多年的工作经验，再找一份更好的工作并非难事。

3. 心怀异议，申请仲裁

在办理离职手续时，李某向公司指出了社会保险费缴费基数与自己工资收入不符的问题并希望公司予以解决，李某在公司就职三年零两个月，而公司未缴纳 2014 年 3 月、4 月处于试用期时的社会保险金，同时公司以 4000 元/月的缴费基数缴纳李某在职三年的社会保险金。公司以双方早有约定为由，对李某的要求予以拒绝。商谈无果后，李某向某市劳动争议仲裁委员会申请仲裁，要求公司以 6000 元/月的缴费基数补缴其任职三年的社会保险金，并补缴 2014 年 3 月、4 月试用期期间的社会保险金。仲裁委员会基本按照双方劳动合同约定的具体工资金额，确定李某的社会保险缴费基数为 4000 元，判定公司应当补缴 2014 年 3 月、4 月试用期间的社会保险金。综合起来，公司应当为李某缴纳社会保险金 53680. 5 元，包含李某个人应缴的社会保险费 15553 元，上述金额中包括试用期期间的社会保险金。

4. 心存疑虑，法院审理

面对这样一个结果，李某有点失落，毕竟这跟自己事先算好的金额相差甚远。李某果断决定上诉至法院对仲裁委员会的仲裁结果提出异议，并提交自己在某新能源公司任职期间的月工资账单，申请按月平均收入作为缴费基础，要求公司补齐应缴纳的社会保险金。法院是否会得出与仲裁委员会相同的判决结果?

5. 工龄工资制的祸?

签订合同之时，李某基础工资为 4000 元/月，起初社会保险缴费基数为 4000 元并无不妥，但是随着在公司工作年限的增加，在工龄工资制驱动下，月平均收入也逐年上涨，问题也随之而来。本案争议的焦点是李某的社会保险缴费基数。对此，法院判决金额竟比仲裁裁决金额多出 2 万元。究其缘由，主要是仲裁委员会和法院对争议双方证据的采信情况不同，或者说运用了不同的证据规则。

6. 尾声

随着法院审理结果的公示，这场争议接近尾声，李某也凭借自己的法律知识维护了自己应有的权益。但是，整个事件却引人深思。工龄工资制提出的初衷是为了采用物质激励的方法留住员工，但不少企业却因此“钻空子”，损害员工利益，少缴、漏缴保险金，不认真履行自己应尽的责任。法律与每个人的利益休戚相关，每个人都应努力提高自身的法律修养，学会用法律保护自己。

分析讨论

1. 分析思路

李某自 2014 年 3 月进入某新能源公司担任工程师一职，在 2014 年 5 月转正后与公司签订了为期三年的劳动合同，正式建立劳动关系，公司采用结构工资制与工龄工资制相结合的薪酬标准。2015 年 5 月起李某收入为 6000 元/月，2016 年 5 月开始工资为 6500 元/月，2017 年 4 月合同到期后公司通知李某不再续订劳动合同，自此双方解除劳动关系。因公司未缴纳李某试用期期间的社会保险基数，且在李某作为正式员工期间，未足额缴纳其社会保险基数，导致双方发生纠纷。而对于该情况，法院和仲裁委得出了不同的裁决。案例分析的逻辑路径如图 6－1 所示。

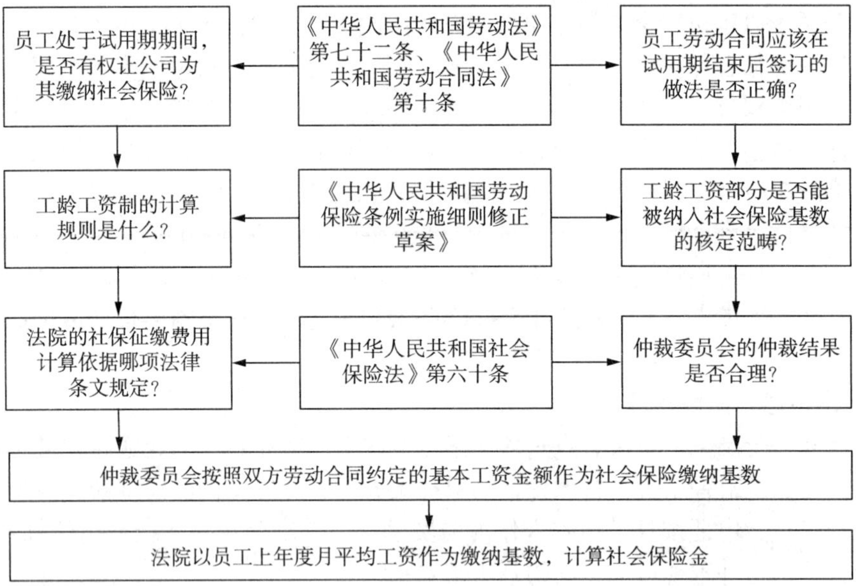

图 6－1　案例分析的逻辑路径

2. 问题分析

（1）处于试用期的两个月，公司是否应当为其缴纳社会保险费？

【分析依据】

《中华人民共和国劳动合同法》第十条，《中华人民共和国劳动法》第七十二条。

【案例分析】

根据《中华人民共和国劳动合同法》第十条、《中华人民共和国劳动法》第七十二条相关规定，只要用人单位和劳动者建立了正常、合法的劳动关系，单位和个人都应当按照规定依法缴纳各自应承担的社会保险费用。试用期包括在劳动合同期限中，同样属于劳动关系的存续期间，因此，公司有义务为试用期的李某缴纳社会保险金。

（2）工龄工资制的计算规则是什么？

【分析依据】

《中华人民共和国劳动保险条例实施细则修正草案》以及相关政策的规定。

【案例分析】

根据《中华人民共和国劳动保险条例实施细则修正草案》以及相关政策的规定，工龄工资的计算规则如下：

（1）员工工龄工资标准：连续工作满一年为50元/月；连续工作满两年为100元/月；连续工作满三年为150元/月；连续工作满四年为180元/月；工作每增加一年，工龄工资就增加30元/月，十年封顶。

（2）管理人员工龄工资标准：连续工作满一年的办公室人员为100元/月；连续工作满一年b级以上管理人员为100元/月；连续工作满一年a级以上管理人员为150元/月；连续工作满一年的助理人员为200元/月；连续工作满一年的项目经理级人员为250元/月；连续工作满一年的经理级以上管理人员为300元/月。

（3）在工龄工资制的驱动下，随着工资的增长，社会保险缴费基数是否需要不断调整变化？

【分析依据】

《中华人民共和国社会保险法》第六十条。

【案例分析】

仲裁委员会基本按照双方劳动合同约定的基本工资金额，确定李某的社会保险缴费基数在试用期为3500元/月，担任正式员工期间的社会保险缴费基数为4000元，李某与公司约定以缴费基数的方式缴纳社会保险费，违反了按工资总额及职工工资收入核定缴费基数的规定，因此该约定因不符规定而无效；公司缴费基数统计中未列入奖金、津贴、补贴等几部分劳动报酬，而这几部分均属于应当计入缴费基数的统计范围，由此产生的社会保险费少缴部分，应当按规定补缴。

根据《中华人民共和国社会保险法》第六十条规定，李某可以要求公司补缴未足额缴纳社会保险费的差额部分，法院判决2014年缴费基数为3900元，2015年缴费基数为5333元，2016年缴费基数为6333元，2017年缴费基数为6500元，总计公司应为李某缴纳社会保险金72873.5元（其中包括个人应缴部分21204元）。随着社保缴纳基数的上涨，李某个人应缴部分也随之上涨，故判决李某将个人少缴纳部分社会保险费补缴给该新能源公司，公司将少缴部分补缴给相应的社保经办机构。法院判决结果合理，符合李某的利益诉求，李某最终通过法律武器维护了自身的合法权益。

管理启示

近年来，伴随员工离职率逐年上升的现状，工龄工资制应运而生。作为企业分配制度的一个重要组成部分，工龄工资制在很多公司的应用，都大大降低了员工流动率，提高了组织忠诚度，使员工与企业达到双赢局面。但同时工龄工资制的运用也会带来一系列相应的问题，公司应当注意员工工资的增长，社会保险的缴费基数也要随之增长，用人单位要严格遵守社会保险法的相关规定，不踩红线，切实维护好员工及企业自身的利益，促进企业的长远发展。

附 件

《中华人民共和国社会保险法》第六十条

【解读】本条系关于各参保主体如何缴纳社会保险费的规定。

（1）用人单位缴费

用人单位应当根据职工人数和缴费工资基数增减变化等情况，在每月规定日期前，向社会保险费征收机构报送社会保险费申报表、代扣代缴明细表以及其他有关资料。在完成自行申报后，用人单位应当按申报的数额按时足额缴纳社会保险费。社会保险费非因不可抗力等法定事由不得缓缴、减免。所谓不可抗力是指由于自然灾害、战争、经济危机等用人单位不能避免和控制的原因，而造成用人单位无法按时足额缴纳社会保险费的客观因素。如果用人单位因为经营不善、管理混乱等自身原因导致无法按时足额缴纳社会保险费的，不得缓缴、减免。

（2）职工缴费

职工个人应当缴纳的社会保险费由用人单位代扣代缴，用人单位应当按月将缴纳社会保险费的明细情况告知职工本人。代扣代缴是用人单位的法定义务，用人单位不得拒绝代扣代缴，也不得转由职工自行缴纳。同样，缴纳社会保险费也是职工的法定义务，职工不得拒绝用人单位依法代扣代缴社会保险费。

（3）灵活就业人员缴费

灵活就业人员，可以直接向社会保险费征收机构缴纳社会保险费。灵活就业人员缴纳社会保险费应当按照国家规定的标准，根据自己的收入水平，量力而行，同样需具备连续性、长期性。

案例6－2　不同的用工方式，其员工的社保征缴如何进行？

案例简介：灵活用工可以降低企业的用工成本，对于短期用工和灵活就业具有较大的社会意义。然而对于不同的用工方式，其社保征缴也是企业面临的一大难题。要不要给全日制用工、临时工、试用期员工等不同用工方式的员工缴纳社保费，是要看企业和员工建立的是不是劳动关系，或者说建立的是哪一种用工关系。本案例围绕某电力公司中几种不同用工方式发生的社保征缴纠纷，给出不同的解决方案，用以帮助各类企业及员工更好地了解和处理在用工方式差异下遇到的不同的社保征缴问题。

关键词：试用期；非全日制用工；临时工；退休返聘；社保征缴

法律条文

《中华人民共和国社会保险法》

第六十条　用人单位应当自行申报、按时足额缴纳社会保险费，非因不可抗力等法定事由不得缓缴、减免。职工应当缴纳的社会保险费由用人单位代扣代缴，用人单位应当按月将缴纳社会保险费的明细情况告知本人。无雇工的个体工商户、未在用人单位参加社会保险的非全日制从业人员以及其他灵活就业人员，可以直接向社会保险费征收机构缴纳社会保险费。

案例背景

本案例将某电力公司遇到的不同用工方式下发生的有关社保征缴的案例纠纷及解决对策进行汇总，为相关企业及员工提供了借鉴。其中，小李因试用期社保征缴问题与企业发生纠纷；非全日制员工孙某因支付工伤相关待遇事宜与公司产生纠纷；公司以赵某玲等人为临时工为由，拒绝为其缴纳社会保险金；李某作为退休返聘人员，公司又当为其缴纳哪些社会保险费用？通过对不同用工方式可能产生的问题及解决办法进行汇总描述，帮助企业及个人更加透彻地解读有关社保征缴用工方式方面的法律法规。

案例场景

1. 引言

常见的一个误区，就是公司聘用的临时工或灵活用工人员不需要缴纳社保。近年来，某电力公司因业务需要以及降低用工成本的需求，雇用了一批临时工，并且以临时工为由来规避社保缴纳。但企图节约大量的人力成本的想法并没有如愿以偿，这家公司最近不断对这些灵活用工人员补缴社会保险。本案例围绕某电力公司中几种不同用工方式发生的社保征缴问题进行描述，并给出解决方法，以期对电力公司日后的社保征缴顺利进行提供启示，并给其他公司提供借鉴。

2. 试用期不缴社保，转正后才缴?

2018 年 7 月，小李从高校毕业后进入某电力公司工作。一周后，电力公司与小李签订了劳动合同，约定合同期一年，试用期为两个月，试用期工资 2500 元/月。试用期满后，电力公司对小李的工作表示满意，将他的工资调整至 3000 元/月。与此同时，电力公司到所在区的社保中心为其建立城保（即城镇职工的社会保险）个人账户，并按 2018 年度城保缴费基数下限 2140 元申报了缴纳基数。同年 9 月，小李遇到一个更适合自己发展的机会，向电力公司提出辞职。在办理离职手续的过程中，小李认为单位应以转正后的工资 3000 元/月作为基数申报，并要求补缴其两个月试用期的社会保险费；而在电力公司看来，试用期期间小李还不是单位的正式员工，无权享受这些待遇，双方因此发生争议。

3. 非全日制用工该交社保费用吗?

孙某于2018年7月入职某电力公司担任仓库管理员，双方签订了一年期的非全日制劳动合同，约定孙某每天工作4小时，每周上班六天，每小时工资为20元（含社保费用)。2018年12月份孙某在仓库工作时不慎发生事故，经鉴定构成工伤9级，后因支付工伤相关待遇事宜与公司产生纠纷（公司认为支付的小时工资中已包含了社保费用，因此无须担责)，之后孙某诉至法院，要求公司支付停工留薪期间工资、伤残补助金、工伤医疗补助金、伤残就业补助金等工伤待遇总计13余万元。

4. “临时工”享受社会保险待遇吗?

2017年12月，赵某玲等被某电力公司招聘为保洁人员。2019年3月，赵某玲等发现，电力公司没有为她们缴纳社会保险费。她们要求电力公司为其补缴各项社会保险费，电力公司领导却以双方没有签订劳动合同、赵某玲等人属于临时工为由，拒绝为其补缴各项社会保险费。赵某玲等人不服，向当地劳动争议仲裁委员会提出申诉。临时工能够享受社会保险待遇吗？用人单位不为赵某玲等员工缴纳各项社会保险费的做法，并强调赵某玲等人属于临时工不需为其缴纳社保的理由成立吗?

5. 退休返聘人员需要缴纳社会保险吗?

李某，男，现年64岁，曾是某电力公司的技术专家，退休后赋闲在家。电力公司因业务发展需要决定返聘李某回单位工作。双方未签订用人协议，只是口头约定了工资。2018年，李某在上班期间不慎受伤，李某要求公司按工伤予以赔偿，公司则认为双方不构成劳动关系，不同意按工伤标准予以赔偿。那么，公司和退休返聘人员之间需要签订劳动合同吗？单位在聘用已经享受国家养老金的离退休人员时，是否还必须为其缴纳社会保险费?

6. 尾声

每个企业都存在一部分特殊用工方式的员工，如何为其缴纳社保费也是企业需要重视的一个问题。由于灵活用工方式的员工流动性较大，部分企业难免存在逃避缴纳社保费的情况。但通过改变员工身份，让“正式员工”变成“临时工”来逃避缴纳社保费是违法的。企业再有难处，也应该克服困难，尽自己该尽的义务，遵纪守法才是企业更长远的经营之路。企业应在力所能及的范围内，尽量为员工按时足额缴纳社保费。

分析讨论

1. 分析思路

本案例将某电力公司遇到的在不同用工方式下发生的有关社保征缴的案例纠纷及解决对策进行汇总。其中，小李因试用期社保征缴问题与企业发生纠纷；非全日制员工孙某因支付工伤相关待遇与公司产生纠纷；公司以赵某玲等人为临时工为由，拒绝为其缴纳社会保险金；李某作为退休返聘人员，公司又当为其缴纳哪些社会保险费呢？不同用工方式案例情景如图6-2所示。

2. 问题分析

（1）试用期员工小李，公司有义务为其缴纳社保费吗?

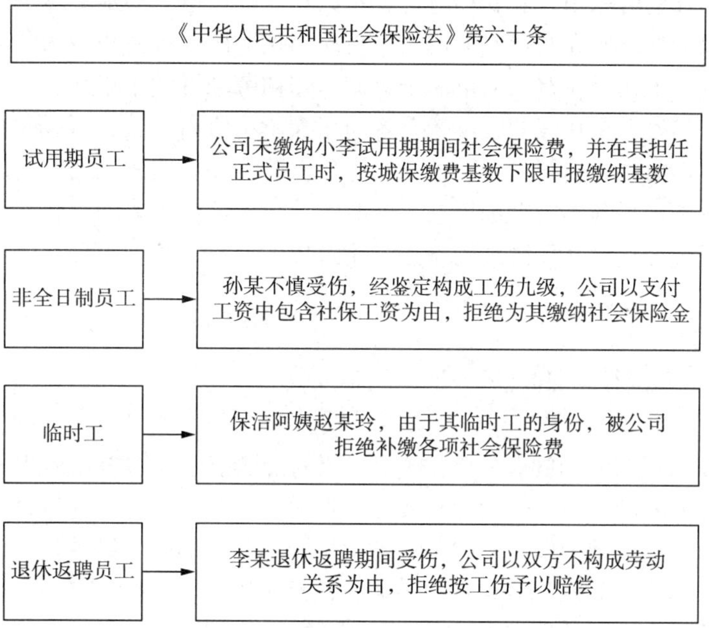

图 6－2 不同用工方式案例情景

【分析依据】

《中华人民共和国社会保险法》第六十条。

【案例分析】

有些单位宣称试用期内不缴纳社保费，试用期过后一次性补缴。但实际上，法律并没有如此规定。根据《中华人民共和国社会保险法》第六十条规定，中华人民共和国境内的用人单位和个人应依法缴纳社会保险费。这些规定都没有特别注明试用期可以不缴纳保险费，而试用期包含在劳动合同期限内，试用期也属于合同期的一个部分。因此，员工在试用期也有权享受各项社会保险，包括养老保险、工伤保险、医疗保险等。本案中的电力公司有义务为小李缴纳实习期的社会保险费。

至于小李社保缴费基数，小李和电力公司的说法均不正确。小李进电力公司首月的全月工资收入是 2500 元，小李要求电力公司按 3000 元作为缴费基数没有依据，而电力公司按当年度社会保险费下限为职工申报缴费基数的做法也是不正确的，单位应如实申报。只有当职工的工资性收入低于上一年度全市职工平均工资收入的 60% 时，才可以按照社会保险缴费基数下限确定。

（2）非全日制员工孙某，是否具有领取工伤保险费资格？

【分析依据】

《中华人民共和国社会保险法》第六十条。

【案例分析】

根据《中华人民共和国社会保险法》第六十条的规定，从事非全日制用工的劳动者可以以个人身份参加基本养老保险、基本医疗保险，用人单位无须为劳动者缴纳养老保险、医疗保险；从事非全日制工作的劳动者可以以个人身份参加基本医疗保险，并按照待遇水平与缴费水平相挂钩的原则，享受相应的基本医疗保险待遇。参加基本医疗保险的具体办法由各地劳动保障部门研究制定，但用人单位应当按照国家有关规定为建立劳动关系的非全日制劳动者缴纳工伤保险费。从事非全日制工作的劳动者发生工伤，依法享受工伤保险待遇；被鉴定为伤残5～10级的，经劳动者与用人单位协商一致，可以一次性结算伤残待遇及有关费用。本案中因公司未为孙某缴纳工伤保险费，相应的工伤待遇损失应由公司承担，故法院判决支持了孙某的全部诉求。同时，单位不给员工缴纳社保费，给员工发一笔社保补助费，用现金代替社保缴纳的做法是不可取的。

（3）“临时工”能够享受社会保险待遇吗？

【分析依据】

《中华人民共和国社会保险法》第六十条。

【案例分析】

根据《中华人民共和国社会保险法》第六十条的规定，本案中，赵某玲等人虽未与电力公司签订书面的劳动合同，但却存在实际雇佣关系并且有一定的连续性，应该按照工资薪金处理。电力公司以她们属于临时工为由，不为赵某玲等职工缴纳社会保险费是不合理的。只要存在事实劳动关系，劳动者的一切权益都应该得到保护，其损失也应由用人单位赔偿，赵某玲等人享有同其他职工一样的权利。电力公司不为赵某玲等职工补缴各项社会保险费是违反国家有关政策规定的，用人单位接受当地劳动争议仲裁委员会的调解意见，也是应该的。

另外，现在已经取消了临时工的说法，只要建立的是劳动关系，就要为其购买社保。目前的用工形式主要分为全日制员工和非全日制员工。

① 全日制员工：指公司或者企业都应该跟员工签订劳动合同的，并且全日制员工是可以有试用期的。全日制员工最重要的一点，就是在劳动合同里非常清楚地表达出要为员工缴纳五险一金；而且对于全日制员工，在工资发放方面也是有要求的，除了按月发放工资之外，加班费以及带薪年假也是必须要说明的。

② 非全日制员工：对于非全日制员工，公司是可以不用跟他们签订劳动合同的，只需要有口头协议即可。由于他们属于灵活就业，可以自行缴纳社保费，企业不用负责其五险一金，但非全日制用工的工伤风险还是有的。

非全日制员工主要有以下四种情形：

① 与非全日制员工存在聘用关系，双方存在实际雇佣关系

若非全日制员工与企业存在实际雇佣关系签订了劳动合同，按月定期支付报酬，企业则需要按照“工资薪金”给其发放报酬，同时需要帮他们代扣代缴社保费以及个税。例如，公司的保洁、保安人员等岗位，虽然人员变动性很大，但是如果这些岗位固定存在，并且员工参加单位的考勤、服从单位的规章制度管理，那这种情况就属于存在实际雇佣关系并且有一定的连续性，就应该按照工资薪金处理，需要给这些员工缴纳社保费。当然如果这些员工已经在其他单位交过一份了，就不需要重复交纳。

② 与非全日制员工不存在聘用关系，非全日制员工提供劳务，不存在实际雇佣关系

如果非全日制员工与企业不存在实际雇佣关系，没有与企业签订有期限的劳动合同，只是偶尔或按次提供劳务并按次支付报酬，这种情况就应该按照劳务费处理。例如，企业

办公室等房屋装修请来的粉刷工、油漆工，搬运货物临时找来的搬运工，企业一般不会固定设置这些岗位，员工提供的也不是连续性的服务。劳务费的金额是不作为福利费、职工教育经费和工会经费基数的，接受劳务的企业不需要为提供劳务的人员缴纳社保费。

③ 被劳务派遣员工

被劳务派遣员工的社保费应该由谁缴纳，关键要看当初劳务派遣单位与用工单位劳务派遣合同是如何签订的。如果合同中约定用工单位直接支付给劳务派遣单位劳务费，由劳务派遣单位支付给被派遣员工工资，并且缴纳社保的，那么该情形下用工单位与被劳务派遣的员工不存在实际雇佣关系，也不需要承担社保。如果被派遣员工在用工单位因工作遭受事故伤害的，应该由劳务派遣单位依法申请工伤认定，用工单位可以在一旁协助。主要由劳务派遣单位承担工伤保险责任，可以和用工单位协商赔偿事项。

④ 退休人员返聘分两种情况

一是再任职取得的收入，按“工资、薪金所得”缴纳个人所得税。

二是兼职取得的收入，按“劳务报酬”所得缴纳个人所得税。

如果达到法定退休年龄时已累计缴费至国家规定年限，退休后再任职时则不需要继续缴纳社保。所以，无论是按照“工资薪金”还是“劳动报酬”，企业都不需要再考虑要为退休返聘员工缴纳社保。

合理合法为“临时工”缴纳社保费，有助于降低企业的风险，注重小问题，避免大风险。社保入税时间迫近，企业对于内部用人机制重新设置，构建多种不同的灵活用工模式也迫在眉睫。

（4）退休返聘人员李某，公司是否还有义务为其缴纳社会保险？应当缴纳哪些社会保险？

【分析依据】

《中华人民共和国社会保险法》第六十条。

【案例分析】

根据《中华人民共和国社会保险法》第六十条规定，公司和退休返聘人员之间一般认为不需要签订劳动合同，但需签订聘用协议，明确约定聘用期内的工作内容、报酬、医疗、劳动待遇等义务和权利。

在退休返聘人员社会保险中，主要考虑工伤保险和养老保险。关于养老保险方面，养老保险累计缴费不足 15 年的，可以在待遇领取地申请延长缴费至满 15 年。也就是说，达到法定退休年龄且累计缴费养老保险满 15 年的人员，可以开始按月领取基本养老金，无须再缴纳。依法享受基本养老保险待遇或领取退休金的离退休人员不属于社保费的征缴对象。

关于工伤保险方面，退休返聘人员在工作中受伤的，原则上适用有关人身损害赔偿的法律、法规，但有个别地方认为这属于工伤。对此，电力公司需根据所在地法律、法规进行处理。离退休人员和用人单位在签订协议时就应当防患于未然，将工作过程中可能遇到的问题都明确地进行约定，尤其是用人单位，要多从立法的精神和保护劳动者权益的角度考虑，为员工购买工伤保险，承担起自己应负的责任，或为员工购买一份商业保险。

管理启示

随着人力制造成本的提高，企业用工的问题已经成为影响企业发展的问题，灵活用工这一概念在国内并非新生事物。企业可以在各类办公室的初级职能岗位、项目上的辅助岗位、短期替代的岗位上采用灵活用工服务。采用灵活用工方式的企业能节约人力资源管理成本，提高人力资源工作价值，提高用户满意度，降低企业用工风险，轻松高效管理。

但是灵活用工为企业带来利益的同时，也会引发一系列问题。首先，企业不考虑实际用工需求，一味追求低成本，导致企业员工流动性较大，最终损失企业利益。其次，劳动者在用人企业中的权益保障还不健全。有的用人单位为了规避承担相应的责任，不与劳动者签订相关的无固定期限的劳动合同，用劳务派遣方式来进行职务认定。此外，劳动者的就职风险和成本提高，自身的权益得不到有效保护，也是目前劳动者普遍最担心的问题。

因此，企业在利用灵活用工方式为企业带来最大效益的同时，用人单位要多从立法的精神和保护劳动者权益的角度考虑，承担起自己应负的责任，应保障员工利益不受损害。如果只为了规避社保费的缴纳，无条件采用灵活用工方式，最终损害的将会是企业自身的利益。

案例6－3　社保费转为税务部门征收后企业用工成本会发生什么变化?

案例简介：随着《国税地税征管体制改革方案》的颁发（2019 年 1 月 1 日起施行），全国的社保费用将统一由税务部门全责征收，即是税务机关确定缴费基数并征收，而在此方案出台前，A 省的社保征收模式为由社保经办机构负责征收。当社保征收模式发生改变后，A 省企业的用工成本是否有所变化？A 省职工的到手工资与之前相比是否有所不同？本案例以 A 省某电力公司职工小王的工资变化为切入点，探讨在社保费用转为由税务部门全责征收后该企业用人成本的变化，利用对相关法律条文的解读，分析为何会产生这种变化。

关键词：经办部门；税务部门；社保征收；用工成本

法律条文

《国税地税征管体制改革方案》

明确从 2019 年 1 月 1 日起，将基本养老保险费、基本医疗保险费、失业保险费、工伤保险费、生育保险费等各项社会保险费交由税务部门统一征收。

《中华人民共和国社会保险法》

第七十四条　社会保险经办机构通过业务经办、统计、调查获取社会保险工作所需的数据，有关单位和个人应当及时、如实提供。

《社会保险费申报缴纳管理暂行办法》

第五条　缴费单位应当在每月5日前，向社会保险经办机构办理缴费申报，报送社会保险费申报表、代扣代缴明细表以及社会保险经办机构规定的其他资料。

第十九条　社会保险经办机构应当定期稽核缴费单位的职工人数、工资基数和财务状况，确认缴费单位是否依法足额缴纳社会保险费。被稽核的单位应当提供与缴纳社会保险费有关的用人情况、工资表、财务报表等资料，如实反映情况，不得拒绝稽核，不得谎报、瞒报。

案例背景

A省的社保征收模式一直遵循的是由社保部门负责征收，在颁布《国税地税征管体制改革方案》后，A省的社保征收模式依照方案的要求变更为由税务部门全责征收。2019年2月28日，当A省某电力公司职工小王看到自己拿到手的工资较以往少了的时候，心存疑惑，进行查询发现社保费用比以前多缴纳了，于是他带着疑问去单位的社保经办部门进行咨询。

案例场景

1. 引言

2019年2月28日，是2月的最后一天，也是公司日常发工资的日子。小王来到自己的工位开始一天的工作。下午2点，手机短信提示收到一笔款项，小王嘴角上扬，认为一定是这个月的工资到账了，立刻激动地点开查看，然而他脸上的笑意却在看到手机屏幕的内容后渐渐散去，转而眉头紧缩，一副困惑不已的样子。小王究竟看到了什么？他的心情为何会由晴转阴？

2. 工资无故变少

在注意到手机的震动后，小王满心欢喜地点开查看，果不其然，的确是这个月的工资到账了。小王再看向工资的金额，他脸上的笑意却渐渐凝固，原来这个月的工资比之前的少了500多元。小王对此很是疑惑，不清楚为何当月工资会变少。他在脑海中回忆自己当月的表现，思考是否由于自身工作问题而导致扣工资处罚，可是自己既没有迟到、早退、无故缺勤，也没有浑水摸鱼、懈怠工作，还是一如继往地努力工作。就在这时，办公室里也有别的同事开始议论起来，大家讨论的内容都是与工资相关，有不少同事都发现到手的工资较以往变少了。于是，小王进入公司的内部系统查阅自己的工资明细，发现应由自己缴纳的三项社保费用（养老保险、医疗保险、失业保险）较之前总计增加了500多元，再看这三项社保费用的缴费率，发现和以前并没有不同，依然是养老保险缴纳8%、医疗保险缴纳2%、失业保险缴纳1%，小王很是疑惑，不明白多扣的500多元社保费究竟是怎么回事。想了一会，小王决定去单位的社保经办部门，向社保经办人员咨询一下社保费多扣的问题。

3. 问清缘由

小王带着急切的心情来到单位的社保经办部门，他敲门后直接走向单位的社保经办人员小张。小张迎着小王坐下，询问小王所来何事。小王告诉小张自己的社保费用比之前多缴纳了500多元，想弄清楚其中的原因。于是，小张开始和小王说明情况。原来公司之前一直是按照当地社保的最低缴费基数进行社保缴费申报的，这样一方面员工到手的工资会多一些，另一方面公司也能节省用工成本。而从2019年1月1日开始，国家出台方案规定社保费用直接转由税务部门全责征收，由于税务部门拥有企业的工资、个税数据，税务部门会参考工资发放、个税征收等数据直接得出真实的缴费员工数与社保缴费基数，即对于社保缴费基数的核定会更加方便与准确，因此现在必须按照个人的实际工资进行社保缴费申报。这下小王明白了，按照法律规定，自己的社保缴费基数应该是8000元，那么每个月自己应缴纳的社保费用就是880元（8000×11%），而此前单位一直以最低的社保缴纳基数（上一年度A省城镇非私营单位在岗职工月平均工资的60%）给自己缴费，那么自己之前的缴费基数就是3396元（5660×60%），相对应的社保费用就是373.56元（3396×11%），这样一算，现在的社保费用确实要多扣500多元，小王终于弄明白了。

而这时小张轻叹了一声，小声念叨着："这样一来，咱们公司的用工成本也要增加了。"小张对着小王算了一笔账，公司要给员工缴纳的五险的合计缴费率为28%，原来是按照社保的最低缴纳基数3396元计算社保费用，而自社保从经办部门征收转为由税务部门征收后，就要严格按照员工的实际收入作为基数计算，而公司大部分员工的工资是高于社保最低缴纳基数的，今后公司每个月所需缴纳的社保费用就比之前增加了很多，这大大增加了公司的用工成本，对公司的经营以及资金的运转都是一个挑战。就拿小王一个员工来看，本来按照社保最低缴纳基数计算，每个月公司要支付的社保费为950.88元（3396×28%），而现在按照实际工资计算，每个月公司要支付的社保费为2240元（8000×28%），比之前多了1289.12元。小王听后深深感受到公司高用工成本所带来的压力，但转念一想，对于自己来说却是一件好事，现在自己的社保交得多，从长远来看，最终自己得到的保障也会更多。

4. 尾声

在国家出台方案规定自2019年1月1日起将社会保险费交由税务部门统一征收前，我国的社保征收是"双重征缴"模式：一种是由经办部门负责的社保征收模式；另一种是税务征收模式，具体包含"税务全责征收模式"和"税务代征模式"。我国社保经办机构征收社保费的效率不高，一方面没有做到应收尽收；另一方面对于缴费基数的真实性缺乏控制，对于应缴未缴、少缴等行为的处理缺乏强制措施，使得我国社保费存在大量的流失，长此以往，我国社会保障制度的可持续性将会受到威胁。而由税务机关全责征收则会在很大程度上避免这些问题，税务机关的优势在于征税系统全国统一、征管流程更规范、征收能力更强，由此带来征收成本较低、强制性较强、缴费服务水平高、有利于全国统筹等优势。一旦社保费统一转由税务部门征收，若是企业之前有社保缴纳不合规或缺保与漏保的行为将会受到严厉打击。

本案例中的企业就是由于之前由社保经办机构征收社保费时，不按照法律规定如实申报员工的缴费基数，为了能够少缴社保费用、节约用工成本，采用所在地最低社保缴纳基数来进行社保申报，由于社保经办机构缺乏对企业缴费基数核定的有力措施，这种少缴行为一直延续至今。而国家出台由税务部门征收社保的规定后，这种少缴的行为将会基本消失，而对于之前社保缴费基数少报的企业来说，他们将缴纳比以前更多的社保费用，并且若是开始实施追缴，则之前缴费不合规的企业还需要补缴之前少缴的社保费用，对于这部分企业来说，其用人成本将大大增加了。

分析讨论

1. 分析思路

小王发现自己工资较以往变少，查阅工资明细后发现是社保费用增加了，于是找到单位的社保经办部门了解情况。社保经办人员解释了社保缴费基数核定的相关规定，再说明由于社保转为税务部门全责征收后对缴费基数的核定更加严格，公司纠正了原本不合规的缴费基数，导致个人与单位的社保缴费额都较以前增加了。案例详细分析思路与步骤如图6－3所示。

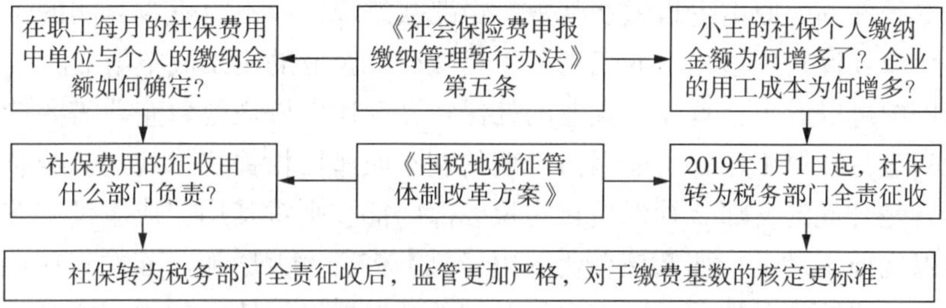

图6－3　案例详细分析思路与步骤

2. 问题分析

（1）《国税地税征管体制改革方案》出台后，关于我国社保征收部门的规定发生了什么变化?

【分析依据】

《国税地税征管体制改革方案》明确，从2019年1月1日起，将基本养老保险费、基本医疗保险费、失业保险费、工伤保险费、生育保险费等各项社会保险费交由税务部门统一征收。

【案例分析】

在实行社保由税务部门全责征收前，我国的社保征收是“双重征缴”模式：一种是社保征收模式，即由经办机构负责征收社保费；另一种是税务征收模式，具体包含“税务全责征收模式”和“税务代征模式”。2018年7月20日，中共中央办公厅、国务院办公厅印发了《国税地税征管体制改革方案》，方案中明确，从2019年1月1日起，将基本养老保险费、基本医疗保险费、失业保险费、工伤保险费、生育保险费等各项社会保险费交由税务部门统一征收。

（2）方案出台后，企业社保经办人员应该按照什么规定确定社保缴费基数？

【分析依据】

《中华人民共和国社会保险法》第七十四条，《社会保险费申报缴纳管理暂行办法》第五条。

【案例分析】

缴费单位应向社会保险经办机构办理缴费申报，报送社会保险费申报表、代扣代缴明细表以及社会保险经办机构规定的其他资料，并且需要如实、及时上报。本案例中企业此前缴纳社保一直不按规定如实上报缴费基数，在社保转为由税务部门全责征收这样管理严格的环境下，终于转变了原来社保费少缴的局面。这也使得公司的用工成本大大增加，不过这种困境也是由于企业本来缴纳社保不合规导致的，若是企业原本就按照规定如实上报社保缴费基数，那么社保转为税务部门征收对企业的用工成本将不会产生多大影响。

管理启示

本案例中由于企业原本的社保缴费基数申报不合规，在社保费用转为税务部门征收这一监管严格的条件下，原本少报缴费基数的情况被发现，而不得不以真实的工资基数进行社保缴费，导致社保费用增加，职工到手工资减少，企业的用工成本增加。

从本案例中可以看出：首先，企业的社保经办工作应该规范，企业需要严格按照相关法律、法规来进行社保工作，不能因为短期的利益而违反相关法律规定。若企业的社保经办工作原本就是合规的，那么社保费转为税务部门征收则对其用工成本没有多大影响；倘若企业的社保之前少缴了，那么该企业的用工成本将会大大增加。其次，在社保费转为税务部门征收的严格监管条件下，职工由于缴纳的社保费增加使得到手工资减少，但从长远来看，职工未来的医疗、养老等各项支出将会得到更大的保障，实际上是大大保障了职工的社保权益。最后，社保经办部门应该加强监管，加大宣传，使企业知法守法，保障公民的社保权益，保障国家社保基金的可持续性。

案例6－4　社保权益遭到侵害时如何维护自己的正当权益？

案例简介：《中华人民共和国社会保险法》明确规定职工应当参加职工基本养老保险、职工基本医疗保险、失业保险、工伤保险和生育保险，对于依法参加社会保险、缴纳社会保险费的职工个人，按照有关法律、法规的规定享受社会保险待遇。此外，进城务工的农村居民也拥有参加社会保险、享受社会保险待遇的权利。那么对于用人单位不给职工缴纳社会保险的，职工如何利用法律武器维护自己的正当权益呢？在本案例中，来自农村的主人公张某遭遇公司改制、公司经营效益低迷等事件后，张某发现公司并未为其缴纳每年的基本社会养老保险，也未为其办理职工基本医疗保险。在与公司协商调解失败后，张某向人民法院提起诉讼，主张自己的合法权益。

关键词：社会保险待遇；职工基本保险；主张合法权益

法律条文

《中华人民共和国社会保险法》

第七十七条　县级以上人民政府社会保险行政部门应当加强对用人单位和个人遵守社会保险法律、法规情况的监督检查。社会保险行政部门实施监督检查时，被检查的用人单位和个人应当如实提供与社会保险有关的资料，不得拒绝检查或者谎报、瞒报。

第八十三条　用人单位或者个人认为社会保险费征收机构的行为侵害自己合法权益的，可以依法申请行政复议或者提起行政诉讼。

用人单位或者个人对社会保险经办机构不依法办理社会保险登记、核定社会保险费、支付社会保险待遇、办理社会保险转移接续手续或者侵害其他社会保险权益的行为，可以依法申请行政复议或者提起行政诉讼。个人与所在用人单位发生社会保险争议的，可以依法申请调解、仲裁、提起诉讼。用人单位侵害个人社会保险权益的，个人也可以要求社会保险行政部门或者社会保险征收机构依法处理。

第八十六条　用人单位未按时足额缴纳社会保险费的，由社会保险费征收机构责令限期缴纳或者补足，并自欠缴之日起，按日加收万分之五的滞纳金；逾期仍不缴纳的，由有关行政部门处欠缴数额一倍以上三倍以下的罚款。

第九十五条　进城务工的农村居民依照本法规定参加社会保险。

案例背景

张某已经年近六十，临近退休。年轻时为了养家糊口、很小就从农村进城务工，为了养大两个孩子自己也吃了不少苦，想着退休以后，自己也能轻松一点。好在自己和老伴都有点退休金，维持两人的日常生活还是不愁的。有一天，他去社保局查询自己的社保情况，发生了一些让他烦心的事。

案例场景

1. 引言

张某生于1960年，是某村村民。由于家中贫苦，兄弟姐妹众多，身为家中长子的他在初中毕业以后，就早早地承担起养家糊口的重担，参加了工作。张某跟着村里的师傅学会了开拖拉机，有了一门吃饭的技术。于是他在1981年通过社会招工来到某市货运公司（交通运输公司改制前名称）上班，成为该公司的一名运输员工。双方签订了劳动合同，也明确约定退休养老保险金由公司和个人共同缴纳。公司经过1993年和1998年两次改制以后，由国有控股企业改制成股份制公司。由于市场竞争激烈，单位效益不好，该交通运输公司决定对部分员工进行“放假”，张某就在这批“放假”的职工中。从2000年就开始“放假”的张某，没有收到职工最低生活保障金，并且他的职工养老保险费公司只缴纳到2001年，职工医疗保险也始终没有给张某办理。当初该公司与这批“放假”的员工曾约定为其按照最低工资标准缴纳社会保险费用，但不支付员工该期间的工资。此时，张某已经在该公司工作了19年，公司也为他缴纳了自张某上班以来的社会保险费。尔后，该公司的经营状况不好，为了减少开支，便从2004年以后停止支付早前那批“放假”员工的保险费。而张某为了维持生活，便去了另外的工厂工作。

2. 企业破产

2010年末，该公司经营惨淡，迫不得已申请破产、遭遇解体，并开始清算。公司在年底召开职工代表大会进行决议，大部分职工投票赞成对公司的破产清算，公司在破产权益中拿出约2000万元作为对员工的赔偿，买断所有职工的社会保险费。公司破产以后，剩余职工便自谋出路，该公司不再对员工承担责任。但召开的职工代表大会并没有通知张某，因此张某并不知晓决议中员工社保问题的处理，而张某在这段时间也没有去查询自己的社保缴纳情况，以为公司还在为他继续缴纳社保。2016年，张某从其他地方知道了该公司的清算决议。到2017年，张某临近退休，通过查询社保局的资料才发现该股份公司并没有为他缴纳2004年至2010年的社会基本保险，于是开始主张自己的权利，将该公司告上了某市人民法院。

3. 维权艰辛

在张某与该公司的争辩中，公司认为张某的诉讼请求已超过诉讼时效。依据民法总则规定，诉讼时效为三年。公司于2010年末就已解体，7年后张某才主张权利，超过诉讼时效。公司不能给付“放假”期间的最低保障金。公司解体后，张某一直没有到公司报到，因此视同张某自动离职，也不向张某支付辞退补偿。公司承认公司解体前与张某确实存在劳动关系。但公司不能承担2010年解体后直到退休时的养老保险金。

张某对该公司的说法不满，遂对该公司提起诉讼。张某的请求是要求该公司支付“放假”期间的最低生活保障金，并且确认张某与公司存在劳动关系；要求公司为其补交2010年至退休的养老保险金；要求该公司为其补办职工医疗保险。

4. 法院上诉

关于张某申请仲裁是否超过仲裁时效，法院经审理认为，依照《中华人民共和国劳动争议调解仲裁法》第二十七条规定，劳动争议申请仲裁的时效期间为一年。仲裁时效期间从当事人知道或者应当知道其权利被侵害之日起计算。本案中，张某称自2016年才知道运输公司的职工代表大会决议，于一年内申请仲裁，应视为未超过仲裁时效。

张某自1981年到某市货运公司上班，与该公司存在劳动关系。关于劳动关系是否延续至今，因公司职工代表大会通过了《某市交通建筑运输总公司职工（股东）代表大会关于总公司整体出售资金使用情况的决议》，该决议约定补偿资金一部分用于补交企业2007年至2010年末期间所欠的社保养老统筹资金和失业保险金约1900万元。之后全公司职工一律买断工龄，与企业解除劳动合同。职工代表大会决议对全体职工有约束力，故应认定自1981年至2010年年末张某与该公司存在劳动关系。关于“放假”期间最低生活保障金，职工代表大会决议中未约定给付职工最低生活保障金，因此，张某主张“放假”期间的最低生活保障金的请求人民法院不予支持。

关于补交养老保险金和办理医疗保险等社会保险费问题。社保关系不仅仅是劳动者和用人单位之间的劳动用工关系，同时也是劳动行政部门和社保管理部门主导的行政管理关系，因此，有关用人单位与劳动者之间因是否缴纳社会保险费而产生的纠纷不属于人民法院的受案范围，应当通过相应的行政程序予以解决。张某可向当地的社会保障局提起行政诉讼，请求支付2004年至2010年的社会保险费用。

社保机构对用人单位欠缴费用负有征缴的义务，带有社会管理性质。根据《中华人民共和国劳动法》第一百条，《中华人民共和国社会保险法》第七十七条、第八十三条、第八十六条的规定，补缴社会保险费的纠纷，属行政机关主管职责，不作为劳动人事争议案件处理，张某应向社会保险行政机构寻求解决。法院依照《中华人民共和国劳动法》第一百条，《中华人民共和国劳动争议调解仲裁法》第二十七条，《中华人民共和国民事诉讼法》第六十四条、第九十五条规定，判决张某自1981年至2010年与某市交通运输股份合作公司存在劳动关系，张某的其他诉讼请求不属于人民法院的管辖内容，应当由当地的社会保障局解决。

5. 尾声

虽然这次起诉没有达到张某的期望，但是他了解到社保问题应向某市劳动和社会保障局（以下简称社保局）提出诉讼，由社保局介入，申请由社保局对公司与自己的社保问题进行调解。于是，他继续向市社保局提出仲裁与调解申请，希望能与某市交通运输股份合作公司达成协议，维护自己的正当权益。

分析讨论

1. 分析思路

首先，明确了社保参保者有依法享受社会保险待遇的权利，进城务工农村居民也有参加社会保险的权利；其次，介绍了国家规定负责社会保险工作的监督机构对用人单位有监督的义务；再次，了解补缴社会保险费的纠纷属于行政机关主管职责，不作为劳动人事争议案件处理，张某应向社会保险行政机构寻求解决，即向当地的社保局进行申诉；最后，对社保局机构的职责进行明确规定。案例详细分析思路与步骤如图6－4所示。

2. 问题分析

（1）对于社会保险部门的监督，主要的监督内容有哪些？

【分析依据】

《中华人民共和国社会保险法》第七十七条。

【案例分析】

用人单位和个人遵守社会保险法律、法规的情况主要包括以下几个方面：（1）职工是否依法参加社会保险。依照本法规定，职工应当参加职工基本养老保险、职工基本医疗保险、工伤保险、失业保险和生育保险，用人单位应当在用工之日起30天内为其职工办理社会保险登记。（2）用人单位是否依法缴纳社会保险费。本法对用人单位和个人缴纳社会保险费义务作出了明确规定。用人单位应当依照规定自行申报，按时足额缴纳社会保险费。职工应当缴纳的社会保险费由用人单位代扣代缴。（3）是否依法享受社会保险待遇。参加社会保险的个人，依法缴纳社会保险费的，依照本法以及有关法律、法规的规定享受社会保险待遇。因为存在一些用人单位和个人以欺诈、伪造证明材料或者其他手段骗取社会保险待遇的情况，社会保险行政部门应对个人享受社会保险待遇的情况进行监督检查，对骗取社会保险待遇的，责令其退回骗取的社会保险金，并处骗取金额二倍以上五倍以下的罚款。

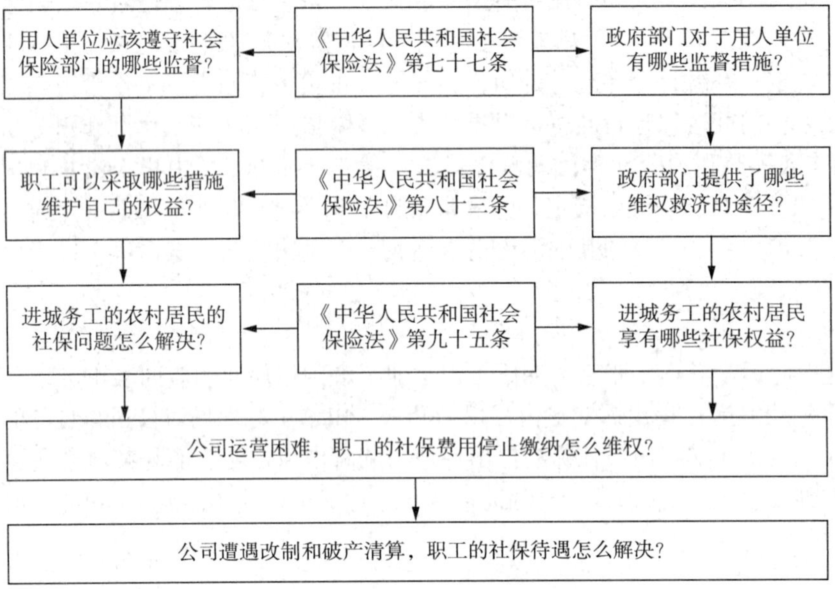

图6－4　案例详细分析思路与步骤

（2）张某可以通过哪些途径维护自己的社会保险权益？

【分析依据】

《中华人民共和国社会保险法》第八十三条。

【案例分析】

根据《中华人民共和国社会保险法》的规定，个人与用人单位发生社会保险争议的，可以依法申请调解、仲裁，提起诉讼。用人单位侵害个人社会保险权益的，个人也可以要求社会保险行政部门或者社会保险费征收机构依法处理。因此，本案中的张某可以要求某市社保局或者当地的社会保险费征收机构依法处理，也可以申请仲裁。若对仲裁结果不满意，还可以提起行政诉讼来解决与用人单位之间的社会保险争议。

（3）某市劳动和社会保障局监察的范围是什么？

【分析依据】

《中华人民共和国社会保险法》第七十七条。

【案例分析】

依据《中华人民共和国社会保险法》和《社会保险费征缴暂行条例》的相关规定，县级以上地方人民政府的劳动保障行政部门负责本行政区域内的社会保险费征缴管理和监督检查工作。劳保局负有对用人单位欠缴社会保险费的行为进行监督检查的法定职责。劳动保障监察是社会保障制度正常运行的重要执法手段。

管理启示

社保是国家为居民提供最基础的保障，因此规定用人单位必须为职工缴纳社保费，同时也鼓励自由就业者主动参加社保，以保障公民在年老、疾病、工伤等情况下依法从国家和社会获得帮助的权利。职工个人享有查询缴费记录、个人权益记录的权利，可以要求社会保险经办机构提供咨询等服务，应当密切关心自己的社保权益。对用人单位而言，为员工办理、缴纳社保费是一种义务，在涉及员工的切身利益时，应该要尽到通知的责任。本案例中的某市运输公司在通过有关职工待遇的决议时，没有通知到每一个员工，导致员工对自己的社保利益受损都不知情。农村居民进城务工是伴随着我国经济、社会转型的阶段性现象，适应了发展需求，然而相关制度缺失和不足，出现了一些与劳动就业方面的突出问题，进城务工的农村居民不仅有投保的权利，也有依法领取基本养老金的权利，《中华人民共和国社会保险法》的所有规定都应当适用于进城务工的农村居民。

案例6－5 停薪留职期间，社保费该由谁交？

案例简介：任何组织或者个人有权对违反社会保险法律、法规的行为进行举报、投诉。行政单位以申请人不具有诉讼主体为由拒绝受理行政诉讼是不正确的。在本案例中，主人公肖某因为选择停薪留职，原用人单位不为他缴纳社会保险费，导致他不能享受社保待遇。当肖某向当地的人社局、地税局提起行政诉讼时却遭到拒绝，于是，肖某将这两个单位告上了法院。

关键词：社保待遇；停薪留职

法律条文

《中华人民共和国社会保险法》

第八十二条　任何组织或者个人有权对违反社会保险法律、法规的行为进行举报、投诉。社会保险行政部门、卫生行政部门、社会保险经办机构、社会保险费征收机构和财政部门、审计机关对属于本部门、本机构职责范围的举报、投诉，应当依法处理；对不属于本部门、本机构职责范围的，应当书面通知并移交有权处理的部门、机构处理。有权处理的部门、机构应当及时处理，不得推诿。

第八十三条　用人单位或者个人认为社会保险费征收机构的行为侵害自己合法权益的，可以依法申请行政复议或者提起行政诉讼。用人单位或者个人对社会保险经办机构不依法办理社会保险登记、核定社会保险费、支付社会保险待遇、办理社会保险转移接续手续或者侵害其他社会保险权益的行为，可以依法申请行政复议或者提起行政诉讼。个人与所在用人单位发生社会保险争议的，可以依法申请调解、仲裁、提起诉讼。用人单位侵害个人社会保险权益的，个人也可以要求社会保险行政部门或者社会保险征收机构依法处理。

案例场景

肖某拿着手里的判决书，不禁露出了笑容。虽然他最初的诉求还没有达到，但至少他可以拿着这纸判决书要求相关机构履行职责。回想自己这一波三折的维权路，肖某陷入了沉思，真的不知道自己当初作出的那个决定是否是正确的。

案例场景

1. 引言

肖某从小就立志成为一名人民教师，教书育人。他为着这个目标而努力学习，皇天不负有心人，肖某考上了某重点师范大学，毫不犹豫地选择了数学专业。1996 年大学毕业后，就被分配到××市某初级中学担任数学老师。成为老师以后，肖某感到很满足，也一直在自己的岗位上任劳任怨地工作。这样的日子平静又充实，肖某也感到生活十分舒心。直到有一天，一个电话让他的生活发生了变化。“叮铃铃”肖某的手机响了起来，接听后原来是大学时睡在他上铺的室友李某。“老肖，我有一个好的项目，你要不要加入？我准备开办一个课外辅导机构，但是我一个人人手不够，想邀请你参加。市场调查我也做过了，现在我们市里还没有辅导机构呢，这是个不错的机会。这样，你入股五万，我也入股五万，成为股东。”听了室友的话，肖某陷入两难的思考中，这个教师岗位来之不易，这样放弃心里很是舍不得，可是入股机构也是一个不错的发展机会，成为股东后还能够参与分红。思索了一段时间后，肖某准备接受大学室友的邀请，成为这家辅导机构的合伙人。肖某想着能大展宏图，于是 2002 年 12 月向学校提出停薪留职申请，学校也批准了肖某的申请，双方签订了协议，并约定肖某在停薪留职期间，该中学继续为肖某购买相关社会保险，只是肖某不再从学校领取工资，但肖某的工资晋级、社会福利待遇与在岗职工一致。之后，肖某便加入了那家课外辅导机构。2003 年 1 月，该中学在××市机关事业单位养老保险管理局为肖某申请建立了养老保险个人账户，并缴费至 2007 年 12 月，之后便停止缴费。

2. 事情后续发展

2014 年底，××市决定全面清理机关事业单位“吃空饷”人员，教育局向全市、县各学校不在岗人员发出了“教职工限期返岗通知书”，并在当地发行量最大的日报上进行了登载说明。肖某在看到日报上登记的说明后，于 2014 年 12 月向××市教育局邮寄了“辞职申请”。当时，教育局并没有立即同意肖某的辞呈。在 2015 年 3 月，××市教育局经过研究决定，以肖某连续旷工超过 15 天为由向肖某下达了“辞退通知书”。肖某内心不服，认为自己并没有旷工，只是停薪留职，该教育局辞退自己应该有所赔偿。肖某越想越觉得自己的权益没有得到保障，于是向××市劳动人事争议仲裁委员会申请仲裁；当××市劳动人事争议仲裁委员会作出不予受理决定后，肖某向××市的人民法院提起民事诉讼。

3. 法律武器来维权

2015 年 2 月 4 日，肖某向××市的劳动保障监察局投诉，要求该中学、市教育局为肖某办理办齐社会保险的参保手续，缴纳或补缴 2003 年 1 月以来各险种的社保费等诉求，未能得到解决。

2015 年 8 月 27 日，肖某向××市人社局、市地税局投递申请，要求该初级中学与教育局履行法定职责，对肖某原用人单位应缴纳的社会保险费进行审核、稽核、征缴、征收；依法责令该中学为肖某办理、办齐社会保险的参保手续，缴纳或补缴历年来的社保费用及利息、滞纳金和罚款。

肖某的用人单位××市某初级中学、××市教育局于 2015 年 8 月 31 日签收肖某投递申请的邮政回执。此后，这两个单位一直未给予肖某答复。

遂肖某向市人社局、地税局提起诉讼，要求人社局、地税局对其申请履行法定职责。

4. 法院判决

法院经审理认为：

（1）关于肖某的主体资格是否可以作为原告提起诉讼。

《中华人民共和国社会保险法》第八十二条第一款规定，任何组织或个人有权对违反社会保险法律、法规的行为进行举报、投诉。第八十三条第三款规定，个人与所在用人单位发生社会保险争议的，可以依法申请调解、仲裁，提起诉讼。用人单位侵害个人社会保险权益的，个人也可以要求社会保险行政部门或者社会保险费征收机构依法处理。《劳动保障监察条例》第九条规定，任何组织和个人对违反劳动保障法律、法规或者规章的行为，有权向劳动保障行政部门举报。

肖某于 1996 年大学毕业分配到该中学任教，2003 年 1 月停薪留职，2015 年 3 月被辞退。其间，肖某发现该中学在其停薪留职期间未按协议足额缴纳其社会保险费，因此先后向劳动保障行政部门、社会保险行政部门和社会保险费征收机构举报、投诉，申请依法处理，无论肖某与该中学是否存在劳动人事关系争议、是否是行政行为相对人，均不影响其作为利害关系人期望通过诉讼获得法律保护的利益，上述行政机关对肖某举报、投诉及申请事项作出的任何行政行为必将对其权利义务产生实际影响，因此，肖某具有原告资格。

（2）关于被告的法定职责及被告××市人社局是否已完全履行法定职责的问题。

《社会保险费征缴暂行条例》第五条规定，县级以上地方各级人民政府劳动保障行政部门负责本行政区域内的社会保险费征缴管理和监督检查工作。《社会保险稽核办法》第三条规定，县级以上社会保险经办机构负责社会保险稽核工作。《××省社会保险费征缴管理办法》第四条规定，劳动保障行政部门是社会保险的综合管理职能部门；第五条规定，各级地方税务机关是社会保险费征收主体，实行五项社会保险费由地方税务机关集中、统一征收；第十四条规定，社会保险经办机构应根据国家和省政府的规定，依法对社会保险费的缴费基数及应缴数额进行核定。地方税务机关应将社会保险经办机构的核定数额作为征收依据。

按照上述规定，××市人社局具有对行政区域内进行劳动保障监察，社会保险登记、核定、稽核，受理违法举报依法处理等相关职权；市地税局具有社会保险费的征收职权。

庭审查明，被告××市人社局在接到肖某2015年2月4日的举报投诉后，其劳动保障行政部门进行了立案调查，但在法定期限逾期后未作出行政处理，亦未回复肖某；在接到肖某2015年8月27日举报、投诉催请申请函后，至今未予处理并书面回复肖某，被告××市人社局没有完全履行法定职责。

（3）关于被告××市人社局、地税局履行法定职责是否存在法定阻却事由。

《中华人民共和国社会保险法》第八十二条第二款规定，社会保险行政部门、卫生行政部门、社会保险经办机构、社会保险费征收机构和财政部门、审计机关对属于本部门、本机构职责范围的举报、投诉，应当依法处理；对不属于本部门、本机构职责范围的，应当书面通知并移交有权处理的部门、机构处理。有权处理的部门、机构应当及时处理，不得推诿。

但被告××市地税局对于肖某的申请既不答复也不移交有权处理的部门、机构处理，违反了《中华人民共和国社会保险法》第八十二条第二款的规定，鉴于被告××市地税局的违规行为并未对肖某的合法权益造成损害，不产生行政争议。

综上所述，法院认为被告××市人社局对于肖某举报、投诉及申请事项依法具有法定职责、且不存在法定阻却事由，其不完全履行法定职责违法，依法应继续履行法定职责；被告××市地税局履行社会保险费征收职责存在违法阻却事由，条件成熟后，被告应依法主动履职。

肖某要求该中学为其办理、办齐自2003年1月至今的全部社会保险登记与申报手续，并依法核定和征收征缴社会保险费的诉讼请求系被告××市人社局、被告××市地税局履行法定职责依法作出处理的范畴，不宜作出审理和裁判，依法应予驳回。

据此，依照《中华人民共和国行政诉讼法》第六十九条、第七十二条的规定，判决如下：（一）被告××市人力资源和社会保障局于本判决生效后一个月内对肖某的申请履行法定职责。（二）驳回肖某的其他诉讼请求。

5. 尾声

肖某的诉讼请求在这次判决中并未得到满足，但法院的判决明确了××市对自己的申请具有法定职责，因此肖某在拿到判决书以后，向××市的人社局继续提出行政诉讼，希望解决自己的社保问题。

分析讨论

1. 分析思路

首先，从用人单位对于职工应尽的义务着手，分析××市教育局对于肖某具有哪些义务，具体了解用人单位对于职工的社会保险缴费职责；其次，分析基本养老保险基金的相关政策；最后，结合停薪留职的体制改革背景，分析肖某的养老保险权益问题怎么解决。法院认为社保问题属于人社局、地税局履行法定职责，由这两个单位与肖某进行协商解决。案例详细分析思路与步骤如图6－5所示。

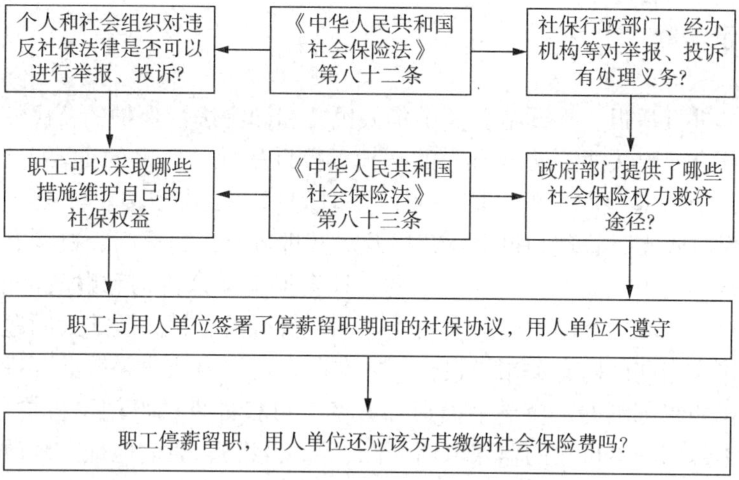

图6－5　案例详细分析思路与步骤

2. 问题分析

（1）劳动者与用人单位发生了劳动争议，个人可以采取哪些措施维护权益?

【分析依据】

《中华人民共和国社会保险法》第八十二条。

【案例分析】

司法实践中，有的法院认为用人单位不给个人缴纳社会保险费，违反的是行政法律规范，应当由劳动监察部门处理，不属于劳动争议，法院不予受理。这种观点是不正确的。用人单位不为职工缴纳社保费，既违反了行政法律规范，也违反了劳动合同法，属于劳动争议的一种，法院应当受理。所以，本法明确规定个人与所在用人单位发生社会保险争议的，可以依法申请调解、仲裁，提起诉讼。此外，个人还可以要求社会保险行政部门或者社会保险费征收机构依法处理。社会保险争议属于劳动争议的一种，应当先申请劳动争议仲裁；对仲裁判决不服的，再向法院提起诉讼。

（2）社保经办机构侵害个人社会保险权益的行为主要有哪几种?

【分析依据】

《中华人民共和国社会保险法》第八十三条。

【案例分析】

（1）不依法办理社会保险登记，致使个人无法参加社会保险，影响个人享受社会保险待遇；

（2）不依法核定社会保险费；

（3）不依法支付社会保险待遇；

（4）不依法办理社会保险转移接续手续；

（5）侵害其他社会保险权益的行为。个人对社保经办机构侵害自己社会保险权益的行为，可以依法申请行政复议或者提起行政诉讼。

管理启示

对违法行为进行举报、投诉是受《中华人民共和国宪法》保护的公民权利。社会组织和个人对违反社会保险法律、法规行为的举报、投诉是社会监督的重要内容。接受举报、投诉的单位对属于本部门职责的，应当依法及时处理，不得推诿。依照社会保险法的规定，负责社会保险收支、管理和投资运营以及对其进行监督的部门、机构有社会保险行政部门、卫生行政部门、社会保险费征收机构、社会保险经办机构和财政部门、审计机关。各部门、机构对各自职责范围的问题应当受理，不得推诿。对涉及重大问题和紧急事项的举报，监督机构应当立即向有关领导报告，并在职责范围内依法采取必要措施。对不属于本部门、本机构职责范围的，应当书面通知并移交有权处理的部门、机构处理。各部门、机构应当公布本部门、本机构的监督电话号码、传真号码、通信地址、邮政编码和受理举报的范围。

第七章　社会保险基金、法律责任案例

社会保险基金是社会保障机构对劳动者进行保障的基础。加强社会保险基金的有效管理，促进其在安全营运的前提下实现较高的投资回报，既有助于减轻政府日益增大的社会保险费用负担，也具有非常重要的短期和中长期政策意义。随着人口老龄化程度的逐渐加深，社会养老保障问题显得尤为突出，企业年金作为城镇职工养老保险体系的“第二支柱”，也备受大家关注。除此之外，企业和职工对于社会保险法的法律责任意识也亟待提高，社会保险登记作为社会保险费征缴的前提，应当予以重视。本章分别从企业年金和社会保险登记等方面结合企业实际情况对相关条文进行分析解读，通过阅读本章各案例可以了解以下几点：

（1）如何通过企业年金账户缴费、支取以及保障其投资收益？

（2）如果公司在员工试用期期间未为其进行社会保险登记，将如何解决？

（3）用人单位辞退职工时，如何解决该职工的社会保险问题？

案例7－1　企业年金的“缴”与“取”

案例简介：社会保险基金主要包含五大类，分别是基本养老保险基金、基本医疗保险基金、工伤保险基金、失业保险基金和生育保险基金。随着人口老龄化程度的逐渐加深，社会养老保障问题显得尤为突出。其中，企业年金作为城镇职工养老保险体系的“第二支柱”，是应对社会老龄化问题的重要举措。企业年金的资金筹集方式包括哪些？单位员工在何种情况下可以领取账户余额？企业年金基金账户如何管理？如何保证其账户的投资收益？通过本案例的分析，能让读者对企业年金从缴费到投资再到提取的整个流程有所了解。

关键词：企业年金；缴费比例；支付方式；受托管理

法律条文

《企业年金办法》

第十四条　企业年金基金由下列各项组成：

（一）企业缴费；

（二）职工个人缴费；

（三）企业年金基金投资运营收益。

《企业年金基金管理办法》

第四十八条　投资股票等权益类产品以及股票基金、混合基金、投资连结保险产品（股票投资比例高于或者等于30%）的比例，不得高于投资组合企业年金基金财产净值的30%。其中，企业年金基金不得直接投资于权证，但因投资股票、分离交易可转换债等投资品种而衍生获得的权证，应当在权证上市交易之日起10个交易日内卖出。

案例背景

X集团是一大型国企，制定企业年金规章制度已有11年，其企业年金由公司社保中心管理。虽然集团实施企业年金政策已经很久了，但大部分员工对它的了解还只停留在听说阶段，对具体的政策还不太了解。

案例场景

1. 引言

小李是X集团新入职的一名员工，享受公司的企业年金政策已有半年时间。赵某是X集团的一名老员工，最近因个人原因与公司办理离职手续，并提出了一次性支取企业年金个人账户余额的想法。同时，X集团近三年企业年金基金账户的投资收益缩水也引起了职工对企业年金运营管理的疑惑。

2. 初遇年金

小李和小王曾是某大学管理学院的同门，今年6月份分别进入X集团和一家私企Y企业从事财务工作，步入职场半年后，两人十分怀恋昔日的同学时光，便约着一起聚餐。吃饭间隙，两人聊了很多职场工作的不易并分享了自己的工作经验。最后，两人相视一笑，问起了对方的薪资问题。入职前，X集团和Y企业许诺的税前薪资均为8000元，但小李现在拿到手的工资和小王相比每月相差160元。对于这个差异，小李解释是因为自己单位实施了企业年金制度，每月的个人缴费额为月平均工资的2%，这部分缴纳的钱直接由公司从自己的工资中代扣。而小王所在的企业目前还未实施企业年金制度，故小王对企业年金不太了解，同时也认为到手的钱才是最有保障的。对小王的这个想法，小李却不认同，他认为企业年金可以提高职工退休后的养老保险待遇，而且企业年金不仅包括个人缴费部分，也包括企业缴费部分，这就是企业的一种福利，可以调动职工工作的积极性和创造力，从而进一步增强企业的凝聚力，促进企业可持续发展。这番话使小王对企业年金有了新的认识。

3. 待遇支付

3月的一个星期五的上午，赵某像往常一样来到单位，看见同办公室的孙某满面春风，十分开心的给同事发小礼物，便问道，“老孙呀，这是有啥喜事？”孙某回道，这不是我儿子从瑞典回来了嘛，要接我去那边定居，所以给大家带了点小礼物，大家同事一场，留个纪念。同日，孙某办理了离职手续并将自己的年金个人账户一次性提取。一个月后，赵某因个人原因与单位提出辞职申请并提出提取年金个人账户余额的要求，却遭到了单位的拒绝，对此，赵某踏进X集团社保中心刘主任的办公室，进行了以下对话。

赵某："刘主任您好，打扰您了，我是老赵。"

刘主任："老赵呀，怎么了？有什么事情需要我帮忙？"

赵某："我在单位已经工作20年了，缴纳企业年金也已经11年。最近，因个人原因我向公司的人事处提出了辞职，就已缴纳的企业年金个人账户我想在离职时一次性提取，但人事处说这样不合规定。上个月孙某离职不是可以一次性提取个人账户中的余额吗？怎么这次我不可以领取了？所以我想来问一下您公司这边的规章制度。"

刘主任："这样呀，对你的辞职，我代表公司向你表示遗憾。公司的年金规章制度是按《机关事业单位职业年金办法》制定的，孙某上次是满足了一次性提取的要求，而你现在没达到要求，公司这边是没法给你办理提取的。"

赵某："那我离职后，我的年金个人账户接下来由谁管理运营呢？"

刘主任："这取决于你的新单位是否实行企业年金制度，若新单位建立企业年金制度，企业年金账户随个人转移；若新单位没有实行企业年金制度，则仍由我们单位帮你管理运营。"

赵某："好的，谢谢刘主任的解答。"

4. 账户管理

2018年12月底，X集团2018年度年金基金投资绩效考核会议照常召开。会后，公司社保中心也将投资的具体结果公布在公司官网上，供大家查看。可近三年平均投资收益率没有达到合同业绩标准，甚至还低于银行定期存款利率，这引起了单位职工对集团基金账户运营管理的不满。基金账户如何进行投资管理？如何保证其应有的基金收益？这是所有职工心中最牵挂的事。

职工工会代表小张在平时的生活中十分关注社保问题，尤其是公司企业年金计划的实施，认为这是保障自己养老问题的重要方式。据小张的了解，他知道集团将归集的资金以受托管理的方式进行管理，委托具备企业年金基金投资管理资格的投资管理人管理企业年金基金的投资。但如何保证基金的投资收益和控制风险，小张也不太清楚。带着这些困惑，小张向单位社保中心进行了询问。社保中心职工小吴解答了小张心里的困惑："公司企业年金投资遵循'谨慎、分散风险'的原则，以适度收益为目标，不追求高风险高收益，将基金委托给7家投资机构进行管理来达到分散风险的目的。同时，投资资产的配制比例也严格按照国家《企业年金基金管理办法》中的规定执行，严格控制权益性资产的配制比例。对于这次出现的收益缩水的风险，公司这边会立即采取应急方案，将会进一步限制权益资产的配制比例，并要求投资机构将信用级别低的产品尽快赎回。我们一定尽可能地保证大家的收益，这点请员工们放心。"听到小吴的解答，小张满意地离开了单位社保中心办公室。

5. 尾声

通过上述三个案例，X集团的员工对企业年金的缴纳、提取以及投资运营有了更进一步的理解，同时也激发了员工与企业共同进步的决心。

分析讨论

1. 分析思路

本案例从企业年金缴费开始，分析了企业年金的组成和各部分的缴费比例，同时也分析了企业的支付方式和提前提取企业年金的特殊情形，最后分析了企业年金账户投资管理的方式和风险控制的办法。案例分析的逻辑思路如图 7-1 所示。

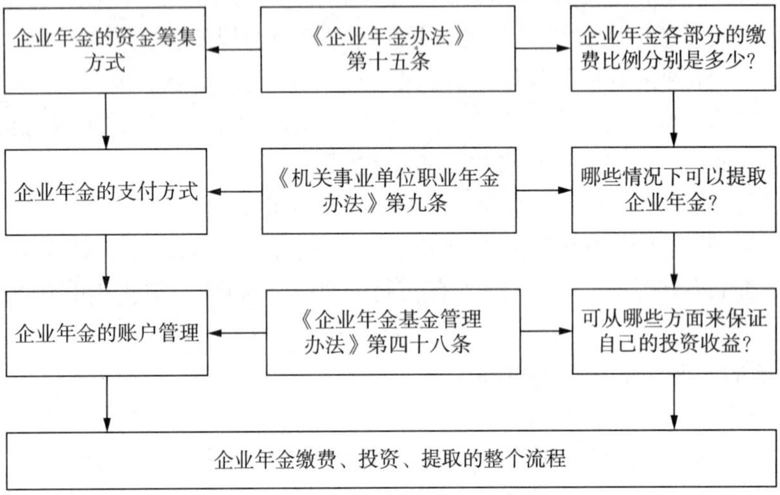

图 7-1　案例分析的逻辑思路

2. 问题分析

（1）企业年金账户的资金筹集方式包括哪些？其中，企业缴费和个人缴费的比例分别为多少？

【分析依据】

《企业年金办法》第十四条和第十五条。

【案例分析】

企业年金账户的资金筹集方式包括企业缴费、职工个人缴费以及企业年金基金投资运营收益。

企业缴费每年不超过本企业职工工资总额的 8%。企业和职工个人缴费合计不超过本企业职工工资总额的 12%。具体所需费用，由企业和职工一方协商确定。职工个人缴费由企业从职工个人工资中代扣代缴。

（2）企业年金的支付方式包括哪些？在何种情况下可以提前提取企业年金？

【分析依据】

《机关事业单位职业年金办法》第九条。

【案例分析】

企业年金按个人账户积累额（含本息分红）计发，在达到国家规定的退休条件并依法办理退休手续后，由本人选择按月领取企业年金待遇的方式。可一次性用于购买商业养老保险产品，依据保险契约领取待遇并享受相应的继承权；也可选择按照本人退休时对应的计发月数计发企业年金月待遇标准，发完为止，同时企业年金个人账户余额享有继承权。本人选择任一领取方式后不再更改。

符合下列情况的，可从个人账户中提前提取企业年金：

① 出国（境）定居人员的企业年金个人账户资金，可根据本人要求一次性支付给本人。

② 工作人员在职期间死亡的，其企业年金个人账户余额可以继承。

而职工变动工作单位时，不得提前提取企业年金，企业年金个人账户资金可以随同转移。

（3）企业年金基金账户如何管理？如何保证其账户的投资收益？

【分析依据】

《企业年金基金管理办法》第四十八条。

【案例分析】

企业年金的管理方式采用受托管理方式，委托具备企业年金基金投资管理资格的投资管理人管理企业年金基金的投资。年金投资必须遵循收益性和安全性兼顾的原则。需严格控制权益类资产的配置比例。按规定，投资股票等权益类产品以及股票基金、混合基金、投资连结保险产品（股票投资比例高于或者等于30%）的比例，不得高于投资组合企业年金基金财产净值的30%。同时，公司可通过下调不合格投资机构管理资金的比例和扣除管理费来达到及时止损的目的，从而保障其账户的投资收益。

管理启示

随着社会老龄化程度的不断加深，企业年金作为城镇职工养老保险体系的“第二支柱”，受到广泛关注。企业年金并不是一项纯粹的养老筹资工具，对于建立计划的企业来说，在我国现有的社会保障、税收等制度的框架下，它在降低企业成本、激励员工等方面仍然是企业提高自身竞争能力、实现人力资源优化配置的良好市场工具。从我国的现状来看，企业年金制度还不成熟、不完善，我国企业员工和高管的观念普遍淡薄，对企业年金缺乏必要的了解。通过这个案例，希望企业职工对年金的相关政策有进一步的了解并提高参与企业年金的积极性。企业年金政策是国家养老保险制度的有效补充，目前仅在央企、经济效益好的大型国企以及个别效益好的民营上市公司中实行。但企业年金作为一种投资工具，必然存在一定的投资风险，企业可通过制定详细的止损方案和应急预案、加强监督管理以及在投资运营后及时作出评价，并将不合格的投资机构剔除，以保障企业年金账户的投资收益。

案例7－2　职工试用期间，是否应为其办理社会保险登记？

案例简介：社会保险登记是社会保险费征缴的前提，是整个社会保险制度得以建立的基础。用人单位若不办理社会保险登记，职工则无从参保，社会保险行政部门也无法进行监督。约定试用期间公司是否应该为职工缴纳社保，是否应该在劳动合同期内为职工缴纳社会保险？本案例主人公张某与国网××省电力公司签订固定三年合同，因在试用期间企业未为其办理社会保险登记而发生了一系列劳动保险的纠纷，但最终法院判定张某享有其在约定试用期间应有的待遇。

关键词；社会保险登记；约定试用期；劳动合同期

法律条文

《中华人民共和国社会保险法》

第八十四条　用人单位不办理社会保险登记的，由社会保险行政部门责令限期改正；逾期不改正的，对用人单位处应缴社会保险费数额一倍以上三倍以下的罚款，对其直接负责的主管人员和其他直接责任人员处五百元以上三千元以下的罚款。

案例背景

张某是电力工程专业的一名大四学生。在毕业招聘会上，看到国网某电力公司来学校招聘，张某认为其专业对口该公司，福利待遇都符合自己的要求，经过精心准备，通过笔试、面试层层选拔，最终被该公司录用。

案例场景

1. 事情的经过

2008 年 1 月，张某进入国网某电力公司工作，并与该公司签订了三年期的劳动合同。合同约定：合同期限类型为有固定期限的劳动合同，合同自 2008 年 1 月 1 日起生效，至 2010 年 12 月 31 日终止，并且约定试用期为三个月。该公司还规定试用期间不交社会保险，等试用期通过后再为职工购买社会保险。三个月后，张某通过了试用期，成为该公司的正式员工。此后，国网某电力公司为张某办理了社会保险登记，缴纳了职工张某通过试用期后的社会保险费。2010 年 3 月，张某与国网某电力公司解除劳动合同关系。

2. 法律武器来维权

2010 年 7 月，张某向该市人力资源和社会保障局申请仲裁，要求国网某电力公司补交试用期间的社会保险费。该市人力资源和社会保障局于 2010 年 9 月 12 日对国网某电力公司欠缴职工张某社会保险费的行为予以立案调查，查明国网某电力公司有下列违法事实：自 2008 年 1 月起至今未缴纳职工张某的社会保险费。上述行为违反了《中华人民共和国社会保险法》第六十三条、第八十四条的规定。依据《中华人民共和国社会保险法》第八十四条的规定，决定对国网某电力公司作出如下行政处罚：处应缴职工张某社会保险金三倍罚款，补交（缴）社会保险金（具体数额由社保经办机构确定）。你（单位）应当自接到本处罚决定之日起 15 日内到该市人力资源和社会保障局缴纳罚款。逾期不缴纳罚款，本机关将申请人民法院强制执行，并每日按罚款数额的3%加处罚款。

国网某电力公司不服该市人力资源和社会保障局作出的劳动保障监察行政处罚决定，于2011年2月1日向人民法院提起行政诉讼。国网某电力公司认为：（1）该行政处罚认定的事实不清。该行政处罚认定我公司“自2008年1月起至今未缴纳职工张某的社会保险费”是错误的。我公司已于2010年3月与张某解除劳动合同，就职期间我司为张某购买了社会保险，因此被告让我公司为其缴纳社会保险费不应得到支持。（2）该行政处罚适用法律错误。我公司已办理了社会保险登记，双方只是对是否已经解除了劳动合同的问题存在争议，从而引起了对是否应为张某缴纳社会保险费的问题的纷争，显然不适用《中华人民共和国社会保险法》第八十四条。

3. 法院判决

一审法院经审理认为，该市劳动争议仲裁委员会裁决书、2011年该市中级人民法院民事判决书均已发生法律效力，且足以证明原告与第三人之间存在劳动关系。行政机关作出的具体行政行为应当事实清楚，证据确凿，适用法律、法规正确，符合法定程序。《中华人民共和国社会保险法》第八十四条规定，用人单位不办理社会保险登记的，由社会保险行政部门责令限期改正；逾期不改正的，对用人单位处应缴社会保险费数额一倍以上三倍以下的罚款，对其直接负责的主管人员和其他直接责任人员处五百元以上三千元以下的罚款。被告该市人力资源和社会保障局作出的劳动保障监察行政处罚决定书中，案件名称为“拖欠职工张某社会保险费”。被告对原告欠缴职工张某社会保险费的行为进行了立案调查。查明原告欠缴职工张某社会保险费的行为有下列违法事实：自2008年1月至6月未缴纳职工张某的社会保险费，而并非用人单位（原告）不办理社会保险登记。职工张某所提交的就业服务局、社会保障局出具的证明也证实，原告曾缴纳了张某不同年份的失业保险费和养老保险费，只是欠缴张某部分年度的社会保险费。因此，《中华人民共和国社会保险法》第八十四条所规定的内容与被告认定的违法事实不相符，被告作出的该行政处罚决定属于适用法律错误，应予撤销。

分析讨论

1. 分析思路

首先，本案例从界定公司与职工之间是否存在劳动关系开始，将目光聚焦到张某向国网某电力有限公司索求社保权利的前提上；然后，由社会保险经办机构审查用人单位是否按时足额缴纳社会保险费，但因其给出的处罚认定存在事实不清，故继续为案件蒙上了一层面纱；最后，由人民法院对试用期间职工依法应享有的权利进行审查，给出对此案相应的判决和处罚。详细分析思路与步骤如图7-2所示。

2. 问题分析

（1）新招募的员工在试用期间是否与公司存在劳动关系？公司是否应该为其进行社会保险登记？

【分析依据】

核心问题事实认定。

【案例分析】

该市劳动争议仲裁委员会裁决书、2011 年该市中级人民法院民事判决书均已发生法律效力，且足以证明原告与第三人之间存在劳动关系。

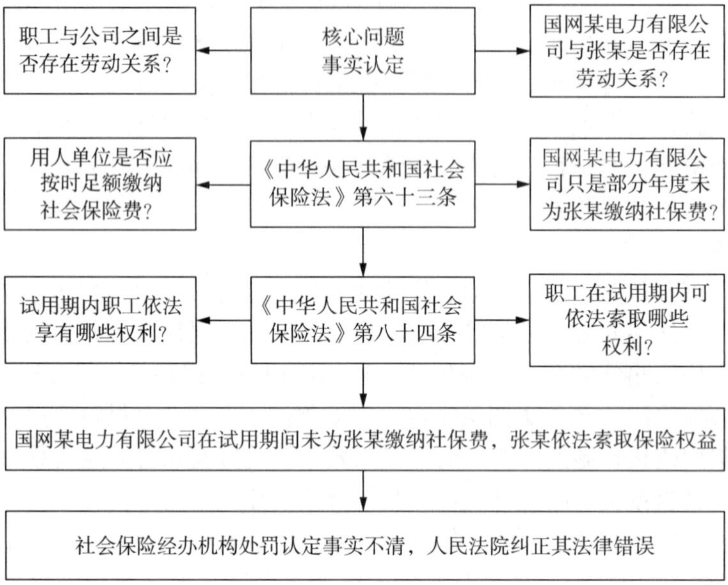

图 7－2　案例分析思路与步骤

（2）用人单位在职工试用期间未为其缴纳社会保险费的，是否应由社会保险费征收机构责令其限期缴纳或者补足？

【分析依据】

《中华人民共和国社会保险法》第六十三条。

【案例分析】

《中华人民共和国社会保险法》第六十三条规定，用人单位未按时足额缴纳社会保险费的，由社会保险费征收机构责令其限期缴纳或者补足。用人单位逾期仍未缴纳或者补足社会保险费的，社会保险费征收机构可以向银行和其他金融机构查询其存款账户；并可以申请县级以上有关行政部门作出划拨社会保险费的决定，书面通知其开户银行或者其他金融机构划拨社会保险费。用人单位账户余额少于应当缴纳的社会保险费的，社会保险费征收机构可以要求该用人单位提供担保，签订延期缴费协议。用人单位未足额缴纳社会保险费且未提供担保的，社会保险费征收机构可以申请人民法院扣押、查封、拍卖其价值相当于应当缴纳社会保险费的财产，以拍卖所得抵缴社会保险费。此案例中，国网某电力有限公司在试用期间欠缴张某的社会保险，属于用人单位未按时足额缴纳社会保险费的情形，应由社会保险费征收机构责令其限期缴纳或者补足。

（3）用人单位在职工试用期间未为其办理社会保险登记的，是否由社会保险行政部门责令限期改正？是否应该对其作出相应的处罚？

【分析依据】

《中华人民共和国社会保险法》第八十四条。

【案例分析】

《中华人民共和国社会保险法》第八十四条规定，用人单位不办理社会保险登记的，由社会保险行政部门责令限期改正；逾期不改正的，对用人单位处应缴社会保险费数额一倍以上三倍以下的罚款，对其直接负责的主管人员和其他直接责任人员处五百元以上三千元以下的罚款。此案中，国网某电力有限公司在试用期间不为张某办理社会保险，应由社会保险行政部门责令限期改正并做相应处罚。

管理启示

公司方面应该确保职工的基本权利保障，切实为职工营造一个诚信可靠、积极向上的发展环境，通过本案例，对公司管理方面的具体启示如下：

（1）加强与职工的交流。在试用期间，职工在用工之前应当就法律政策等条款对薪资待遇方面的相关权利（特别是社会保险方面的待遇）进行共同确认。此案中，张某虽然索回了自己的权利，但最好是在确定就职之前提早规避此类情况的发生，或者发生后及时止损。

（2）加强监督社会保险管理工作方面的漏洞。部门经理对本部门的业务涉及违法的事情应及时向上级汇报，切勿隐瞒、谎骗。这既是对个人工作负责，也是对这个公司和员工负责。

（3）加强社会保险公司管理制度建设。社会保险的缴纳，因地域不同，缴费费率也有所不同。公司社保管理人员需要针对不同的情况来制定本公司的社会保险管理制度，对以往所有的案例进行思考，并逐步完善公司现行的社保管理制度。

（4）加强社会保险信息化建设。完善职工的社会保险信息管理体系，对企业职工的社保利益保障情况清晰掌握，为企业的正常运行保驾护航。

案例7－3　辞退职工时，如何处理劳动合同和社会保险登记?

案例简介：终止或者解除劳动关系证明是失业人员领取失业保险待遇的条件之一。实践中，在解除或者终止劳动合同后，有的用人单位刁难劳动者，不开具有关解除或者终止劳动合同的证明，扣押劳动者档案，影响劳动者享受失业保险待遇。本案例主人公董某在职期间违反公司规章制度被辞退，但因与该公司达成的是口头协定，并且其在职期间该公司未为其进行社会保险登记而产生纠纷，最终由法院作出公正的判决。

关键词：社会保险登记；辞退职工；劳动合同期

法律条文

《中华人民共和国社会保险法》

第八十五条　用人单位拒不出具终止或者解除劳动关系证明的，依照《中华人民共和国劳动合同法》的规定处理。

第八十六条　用人单位未按时足额缴纳社会保险费的，由社会保险费征收机构责令限期缴纳或者补足，并自欠缴之日起，按日加收万分之五的滞纳金；逾期仍不缴纳的，由有关行政部门处欠缴数额一倍以上三倍以下的罚款。

案例背景

出生于1965年的董某住在市区，家中一儿一女均在外地工作，妻子在身边照顾自己，老夫妻俩日子过得也挺滋润。平时董某的“小爱好”就是喝点酒，妻子总在耳边唠叨，但是他却总管不住自己的嘴巴。

案例场景

1. 事情的经由

2012年5月19日，董某被招聘到国网某电力公司从事保安工作，主要负责公司内正常秩序，双方未签订书面劳动合同，口头约定工资为1600元/月，每月以现金形式支付，并发放给董某一张保安工牌。后来因董某违反了国网某电力公司的规章制度，故国网某电力公司于2013年7月28日通知董某不用上班，之后董某便未再到国网某电力公司工作。自此双方解除劳动关系。在董某工作期间，公司为他购买了一份人身意外伤害保险，未为其办理了各种社会保险手续和缴纳社会保险费用。

2. 用法律武器来维权

双方解除劳动关系后，董某向该市所在区劳动争议仲裁委员会申请劳动争议仲裁，请求裁决：（1）解除与国网某电力公司之间的劳动关系；（2）支付董某经济补偿金；（3）支付董某58天工资3093元及被扣押金500元，共计3593元；（4）支付未签订书面劳动合同11个月的双倍工资17600元；（5）依法为其补缴工作期间的社会养老保险及医疗保险费。

该市所在区劳动争议仲裁委员会于2013年9月5日作出仲裁裁决书，裁决：（1）双方的劳动关系自2013年7月28日解除；（2）国网某电力公司支付董某经济补偿金2400元；（3）国网某电力公司支付董某58天工资及押金共计3593元；（4）国网某电力公司支付董某11个月双倍工资17600元；（5）为董某补缴相应养老保险及医疗保险部分。

3. 法院判决

国网某电力公司不服该裁决，故起诉至该市人民法院。

该市人民法院认为，2012年5月，被告（董某）进入原告（国网某电力公司）单位工作，虽双方未签订书面劳动合同，但被告工作期间能遵守原告的规章制度，服从原告的工作安排，且原告按月发放工资给被告，故原告主张原、被告之间系雇佣关系的理由不成立，不予支持；被告主张原告、被告之间系劳动关系理由成立，予以支持。因原告、被告之间未签订劳动合同，根据《中华人民共和国劳动合同法》第八十二条规定，用人单位自用工之日起超过一个月不满一年未与劳动者订立书面劳动合同的，应当向劳动者每月支付双倍的工资。原告主张被告工资为1200元/月，现工资发放表在原告处，参照劳社部发〔2005〕12号《关于确立劳动关系有关事项的通知》第二条“工资支付凭证或记录（职工工资发放花名册）、缴纳各项社会保险费记录……有关凭证由用人单位负举证责任”，故原告对此项主张负有举证责任。但其未提交工资发放表等相应证据予以证实，根据《最高人民法院关于民事诉讼证据的若干规定》第二条“当事人对自己提出的诉讼请求所依据的事实或者反驳对方诉讼请求所依据的事实有责任提供证据加以证明。没有证据或证据不足以证明当事人的事实主张的，由负有举证责任的当事人承担不利后果”。故支持被告的主张工资为1600元/月，原告应支付被告11个月双倍工资17600元（1600元/月×11个月）。原告、被告一致同意解除劳动关系，原告应给予被告经济补偿金，根据《中华人民共和国劳动合同法》第四十七条规定，经济补偿按劳动者在本单位工作的年限，每满一年支付一个月工资的标准向劳动者支付。六个月以上不满一年的，按一年计算；不满六个月的，向劳动者支付半个月工资的经济补偿。原告应补偿被告一个半月工资2400元（1600元/月×1.5个月）。被告主张原告每月扣除其100元押金，共计扣除了5个月，但其未提交相应证据予以证实，不予支持。被告主张原告为其缴纳社会养老保险及医疗保险，根据《中华人民共和国社会保险法》第八十六条规定，用人单位未按时足额缴纳社会保险费的，由社会保险费征收机构责令限期缴纳或者补足，并自欠缴之日起，按日加收万分之五的滞纳金；逾期仍不缴纳的，由有关行政部门处欠缴数额一倍以上三倍以下的罚款。故被告要求原告缴纳相应社会保险费，应由相应社会保险费征收机构责令补缴。

综上所述，根据《中华人民共和国劳动合同法》第二条、第三十六条、第四十六条、第四十七条、第八十二条，《中华人民共和国社会保险法》第八十四条规定，判决如下：（1）原告国网某电力公司与被告董某之间劳动关系于2013年7月28日解除；（2）原告国网某电力公司自本判决生效之日起五日内支付被告董某因未签订书面劳动合同的双倍工资差额人民币17600元；（3）原告国网某电力公司自本判决生效之日起五日内支付被告董某解除劳动关系经济补偿金人民币2400元；（4）驳回原告国网某电力公司的诉讼请求。（5）被告董某要求原告国网某电力公司为其补缴社会保险费的请求不属于劳动争议案件的审理范围，本院不予审查。如果未在本判决指定的期限履行金钱给付义务，应当依照《中华人民共和国民事诉讼法》第二百五十三条的规定，加倍支付迟延履行期间的债务利息。本案不收取受理费。

4. 尾声

虽然董某要求国网某电力公司为其补缴社会保险费的诉讼请求在这次的判决中并没有得到满足，但法院的判决明确了该市社会保险费征收机构对董某的申请具有法定监督职责，因此，董某在拿到了判决书后向该市的人社局继续提出行政诉讼，希望能解决自己的社保问题。

分析讨论

1. 分析思路

首先，需认定董某与国网某电力公司是否存在法律上认可的劳动关系？按法律规定，是由董某还是由国网某电力公司负责举证？其次，国网某电力公司应支付董某11个月的双倍工资和解除劳动关系的经济补偿金如何计算？最后，国网某电力公司是否要为董某补缴相应的养老保险及医疗保险？董某应向哪个部门求助？详细分析思路与步骤如图7－3所示。

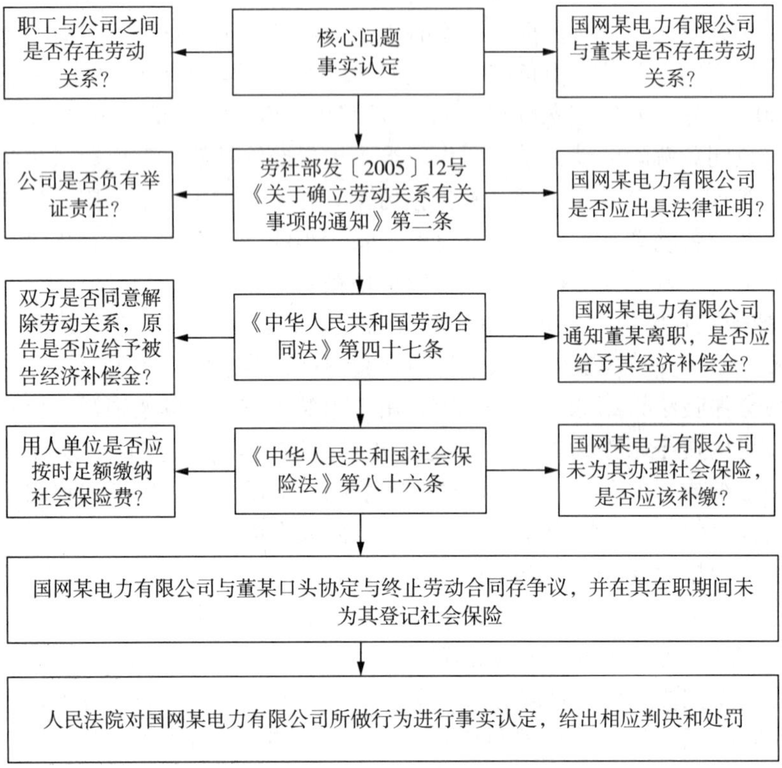

图7－3　案例详细分析思路与步骤

2. 问题分析

（1）口头用工合同在法律上是否有法律效应？口头合同确定的关系是劳动关系还是雇佣关系？

【分析依据】

核心问题事实认定。

【案例分析】

人民法院认为，2012年5月，被告（董某）进入原告（国网某电力公司）单位工作，虽双方未签订书面劳动合同，但被告工作期间能遵守原告的规章制度，服从原告的工作安排，且原告按月发放工资给被告，故原告主张原告、被告之间系雇佣关系的理由不成立，不予支持；被告主张原告、被告之间系劳动关系理由成立，予以支持。此案中董某虽然与国网某电力公司签订口头用工合同，但其在法律上是具有法律效应的，并且存在事实上的劳动关系。

（2）公司是否应该对劳动合同、职工工资发放花名册以及缴纳各项社会保险费记录具有举证责任？

【分析依据】

劳社部发〔2005〕12 号《关于确立劳动关系有关事项的通知》第二条。

【案例分析】

参照劳社部发〔2005〕12 号《关于确立劳动关系有关事项的通知》第二条“工资支付凭证或记录（职工工资发放花名册）、缴纳各项社会保险费记录……有关凭证由用人单位负举证责任”。故原告对此项主张负有举证责任。但原告未提交工资发放表等相应证据予以证实，根据《最高人民法院关于民事诉讼证据的若干规定》第二条“当事人对自己提出的诉讼请求所依据的事实或者反驳对方诉讼请求所依据的事实有责任提供证据加以证明。没有证据或证据不足以证明当事人的事实主张的，由负有举证责任的当事人承担不利后果”。此案中，国网某电力有限公司虽对被告董某的主张负有举证责任，但其未提交工资发放表等相应证据予以证实，故应当承担不利后果。

（3）员工被“炒鱿鱼”是否有权向该公司索要经济补偿？

【分析依据】

《中华人民共和国劳动合同法》第四十七条。

【案例分析】

根据《中华人民共和国劳动合同法》第四十七条规定，经济补偿按劳动者在本单位工作的年限，每满一年支付一个月工资的标准向劳动者支付。六个月以上不满一年的，按一年计算；不满六个月的，向劳动者支付半个月工资的经济补偿。此案中，原告国网某电力有限公司和被告董某一致同意双方解除劳动关系，原告国网某电力有限公司应给予被告董某经济补偿金。

（4）董某在职期间公司仅为其购买人身意外伤害保险，是否应该要求公司为其办理其他的社保手续？如若不办，是否应该向相应行政部门求助？

【分析依据】

《中华人民共和国社会保险法》第八十六条。

【案例分析】

根据《中华人民共和国社会保险法》第八十六条规定，用人单位未按时足额缴纳社会保险费的，由社会保险费征收机构责令限期缴纳或者补足，并自欠缴之日起，按日加收万分之五的滞纳金；逾期仍不缴纳的，由有关行政部门处欠缴数额一倍以上三倍以下的罚款。故被告要求原告缴纳相应的社会保险费，应由相应社会保险费征收机构责令补缴。此案中，被告董某主张原告国网某电力有限公司为其缴纳社会养老保险及医疗保险是正当的，应向相关行政部门提起诉讼，相关行政部门对此项主张应给予支持。

管理启示

公司方面应该确保职工的基本权利得到保障，切实为职工营造一个诚信可靠、积极向上的发展环境，这对公司的管理工作也有很大的意义。

（1）加强监督社会保险管理工作方面的漏洞。本部门的业务如有涉及违法的事情，部门经理应及时向上级汇报，切勿隐瞒、谎骗，这既是对个人工作负责，也是对公司和员工负责。

（2）加强与职工的交流，做好风险防控。对员工不满意的问题及时开展调查询问，例如开展一次社保调研，通过社保问题清单的模式收集问题，汇成调研报告，向公司领导汇报并向上级公司请示解决的办法。

（3）提升社保管理人员的社保管理水平。针对调研中存在的问题，依据社保管理的要求，仔细分析各类保险在管理、流程、使用中存在的风险点。针对风险点，及时解决社保工作中存在的问题，并汇集成文，做好社保管理的基础性工作。

（4）搭建服务平台，加强社会保险信息化建设。改变社保服务方式，为公司职工提供人性化服务，促进企业和谐稳定发展。

参考文献

[1] 董娜，闫鹏. 电力企业职工基本养老保险申领问题及对策 [J]. 中国电力企业管理，2019 (22)：82 - 84.

[2] 信英秋. 电力企业养老保险的现状及对策分析 [J]. 现代国企研究，2019 (10)：35.

[3] 朱梦露，高新丽. 电力企业养老保险实现标准化管理的措施探究 [J]. 时代农机，2018，45 (05)：34.

[4] 徐爱春，杨聚国. 新时期做好电力企业养老保险管理的几点建议 [J]. 现代经济信息，2017 (24)：45.

[5] 周寻. 中国基金制养老基金投资运营研究 [D]. 沈阳：辽宁大学，2010.

[6] 陈加旭. 养老基金实体经济投资可行性研究 [D]. 成都：西南财经大学，2006.

[7] 马陈恩. 浅析电力企业养老保险存在的问题及对策 [J]. 技术与市场，2016，23 (04)：194，196.

[8] 刘静. 我国企业退休人员对养老金发放的满意度调查与分析 [D]. 济南：山东大学，2016.

[9] 田方芳. 关于电力企业养老保险工作管理的探讨 [J]. 企业改革与管理，2016 (19)：84 - 85.

[10] 陈英姿，冷莉，曹思颖. 电力企业养老保险存在问题分析及完善措施 [J]. 人才资源开发，2016 (18)：107.

[11] 王利京. 电力企业养老保险存在的问题及对策 [J]. 中小企业管理与科技（下旬刊），2013 (11)：37 - 38.

[12] 孙慧. 浅谈供电企业养老保险存在的问题及对策 [J]. 科技与企业，2014 (16)：304.

[13] 信英秋. 电力企业社会保险工作的问题与改进方案分析 [J]. 中外企业家，2019 (07)：124.

[14] 孙敬涛，石尚，金佳. 基于 ERP 系统的电企社保审计 [J]. 中国电力企业管理，2018 (33)：52 - 53.

[15] 晏利. 电力企业社保管理标准化体系建设研究 [J]. 中外企业家，2018 (33)：103.

[16] 蔡曙娟. 探析电力企业人力资源中社保管理存在的问题 [J]. 现代经济信息, 2018 (13): 114.

[17] 陈兴宇. 电力施工行业安全责任保险制度实施初探 [J]. 重庆行政 (公共论坛), 2018, 2019 (01): 59-60.

[18] 傅拥钢, 王莉. 利用大数据提高电力企业社会保险管理水平 [J]. 电力大数据, 2018, 21 (01): 35-38.

[19] 骆玉. 电力企业退休人员社会化管理工作的探索 [J]. 中国高新区, 2017 (23): 212.

[20] 黄涓, 杨聚国. 电力企业医疗保险纳入地方管理的问题和对策 [J]. 现代经济信息, 2017 (23): 76.

[21] 高京成. 电力行业医疗保险的特点及分析 [J]. 中国水电医学, 2005, 17 (01): 52-53.

[22] 郑少文. 浅析企业农电人员多层次的医疗保障管理机制 [J]. 人力资源管理, 2015 (07): 86-87.

[23] 王利京. 电力企业医疗保险管理初探 [J]. 价值工程, 2013, 32 (36): 181-182.

[24] 谢桂英. 电力企业医疗保险管理初探 [J]. 现代商业, 2012 (36): 105.

[25] 辛润斌. AAA 电力 (集团) 有限责任公司补充医疗保险项目研究 [D]. 天津: 天津大学, 2012.

[26] 丁允昌. 创新电力企业职工互助保障工作的思考 [J]. 当代电力文化, 2016 (06): 54-55.

[27] 宋波, 王缨诺, 孙晶. 浅谈电力企业员工的社保管理 [J]. 现代国企研究, 2017 (20): 14.

[28] 李晓明, 戴爽. 浅析新形势下如何做好电力企业的社保工作 [J]. 经贸实践, 2017 (18): 118-119.

[29] 陈佳. 做好电力企业社保工作的有效途经分析 [J]. 人才资源开发, 2016 (16): 174-175.

[30] 杨梦之. 电力企业人力资源与社会保险管理的实践思路研究论述 [J]. 人力资源管理, 2016 (05): 262-263.

[31] 许平. 电力企业人力资源暨社保管理问题分析 [J]. 劳动保障世界, 2016 (12): 36.

[32] 王美红. 浅谈新时期电力企业社会保险管理工作 [J]. 人力资源管理, 2015 (12): 279-280.

[33] 林峰. 行业间非工资性收入差距的比较研究——基于行政垄断型行业与竞争性行业上市公司的微观数据 [J]. 华东经济管理, 2015, 29 (09): 41-48.

[34] 吴蓉. 浅议电力企业的社会保险管理工作 [J]. 企业技术开发, 2015, 34

(21)：28－29.

［35］郑娇．浅谈如何做好电力企业社保工作［J］．现代国企研究，2015（14）：47，49.

［36］郭潞芳．电力企业社保工作的优质服务策略［J］．企业改革与管理，2014（19）：120－121.

［37］罗雪燕．浅谈新形势下如何做好供电企业的社保工作［J］．通讯世界，2014（10）：165－166.

［38］吉冰．浅谈电力企业社会保险管理工作［J］．中国集体经济，2012（25）：58－59.

［39］桂晓琴．如何创新发展电力企业社会保险工作［J］．行政事业资产与财务，2013（18）：4－5.

［40］黄海玲．电力企业员工社会保险管理探析［J］．人力资源管理，2015（03）：211－212.

［41］陈果．电力企业员工社会保险管理探析［J］．企业改革与管理，2014（24）：115.

［42］林君洁．社会保险管理在电力企业中的稳定作用［J］．现代经济信息，2014（23）：141，155.

［43］陈晓飞．浅谈新形势下电力企业社会保险管理［J］．山东工业技术，2014（22）：255.

［44］赖素屏．对新时期电力企业社会保险管理工作的探讨［J］．低碳世界，2014（15）：76－77.

［45］张琳．电力企业社会保险经办机构风险防范研究［J］．黑龙江科学，2013（10）：168.

［46］张智赫．沈阳电力行业福利弹性化的设计与应用研究［J］．劳动保障世界（理论版），2013（03）：88－92.

［47］郑世芬．对电力企业人力资源暨社保管理问题的分析与探讨［J］．科技与企业，2012（23）：44.

［48］齐骏．论供电企业人力资源与社会保险管理的整合与统一［J］．东方企业文化，2012（19）：48.

［49］姚维强，王晓东，蔡君，陈洁．供电企业劳务派遣用工的法律风险［J］．企业改革与管理，2011（08）：56－57.

［50］陈曦．电力企业使用劳务派遣用工中的风险防范［J］．宁夏电力，2007（06）：63－64，70.

［51］刘爽．东州电力公司企业年金方案设计［D］．北京：华北电力大学，2011.

［52］崔萍．城北供电公司企业年金方案设计与研究［D］．北京：华北电力大学，2009.

[53] 陈磊．黑龙江省电力企业年金制度研究［D］．哈尔滨：哈尔滨工程大学，2007.

[54] 孙育霞．电力企业社保基金问题的探讨［J］．科技创新导报，2013（14）：83.

[55] 张爱萍．社保基金管理在电力企业的探讨［J］．民营科技，2017（09）：109－110.

[56] 姜涛，赵锦添，金万录．浅谈甘肃电力企业社会保险管理［J］．中国电力教育，2010（01）：265－266.

[57] 卿松．《劳动合同法》施行后电力企业人力资源管理面临的问题研究［D］．成都：电子科技大学，2008.

[58] 张英．电力企业社会保险管理工作探讨——以某电力企业为例［J］．技术与市场，2011，18（06）：270－271.

[59] 刘琍琍．农电工管理法律问题探析［J］．大众用电，2008（01）：8－9.

[60] 莫安平，黄忠民．规范化管理县级供电企业农村电工劳动用工势在必行［J］．广西电业，2012（Z1）：24－25.